U1015080

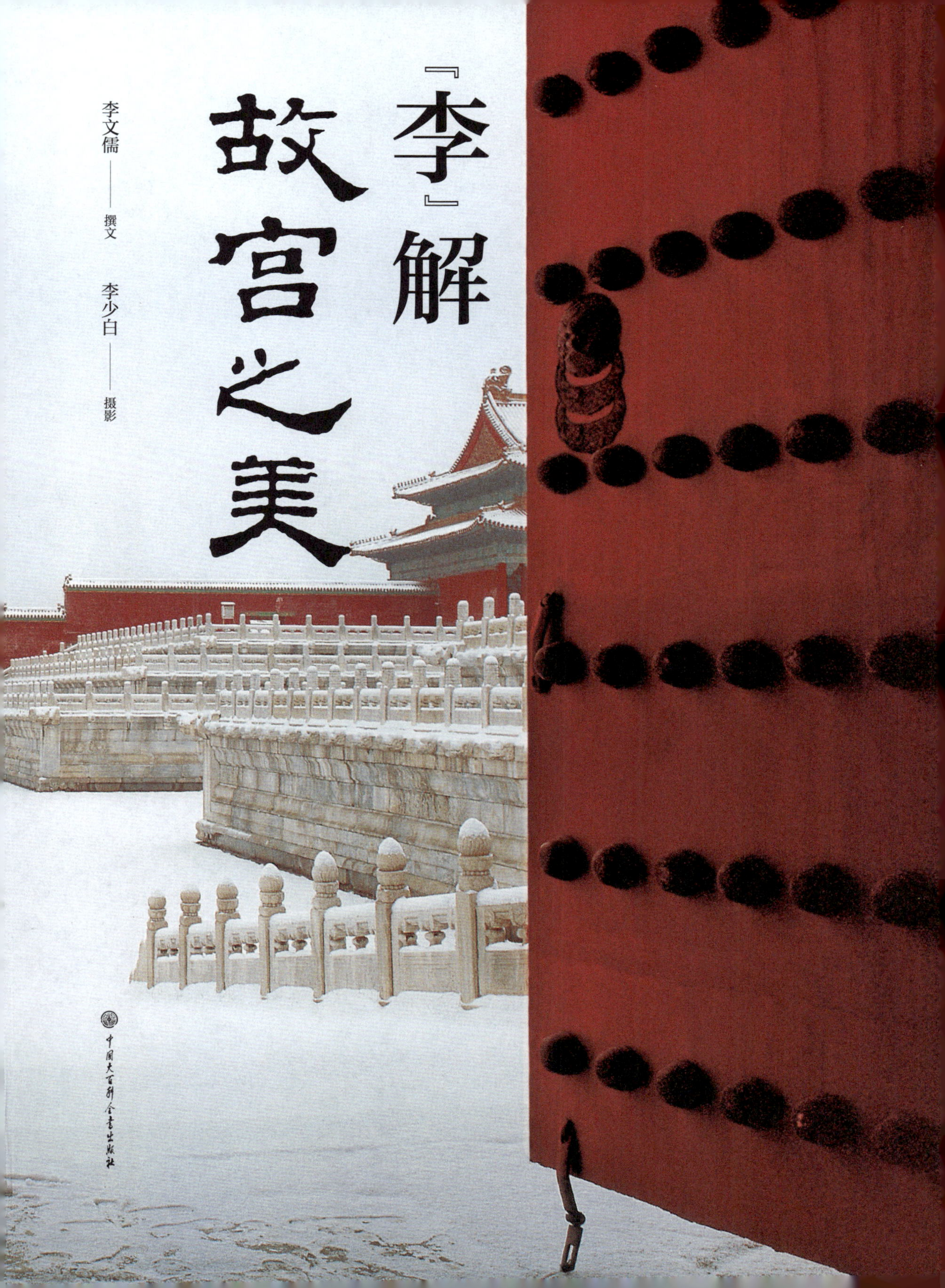

『李』解故宫之美

李文儒——撰文

李少白——摄影

中国大百科全书出版社

图书在版编目（CIP）数据

“李”解故宫之美 / 李文儒撰文；李少白摄影 . 一北京 : 中国大百科全书出版社，2021.9
ISBN 978-7-5202-1039-3

I. ①李… II. ①李… ②李… III. ①故宫—北京—通俗读物 IV. ① K928. 74-49

中国版本图书馆 CIP 数据核字 (2021) 第 182650 号

撰　　文：李文儒
摄　　影：李少白
出 版 人：刘国辉
策 划 人：王一珂　曾　辉
责任编辑：鞠慧卿
营销编辑：蒋　祚　王　廓
责任印制：魏　婷
装帧设计：今亮後聲 HOPESOUND 2580590616@qq.com · 张今亮　王秋萍
出版发行：中国大百科全书出版社

地　　址：北京阜成门北大街 17 号　邮政编码 100037
电　　话：010-88390969
网　　址：http://www.ecph.com.cn
印　　刷：北京地大彩印有限公司
开　　本：710 毫米 ×1000 毫米　1/16
印　　张：20.5　插页 2
字　　数：264 千字
印　　次：2021 年 9 月第 1 版　2021 年 9 月第 1 次印刷
书　　号：ISBN 978-7-5202-1039-3
定　　价：88.00 元

本书如有印装质量问题，可与出版社联系调换。

皇帝的宫殿是皇帝下旨建造的，是为皇帝自己建造的，是为皇帝的子子孙孙们建造的。

皇帝们建造自己的宫殿首先并不是为了好看。但建造出来的宫殿确实好看。过去好看，现在好看，以后也好看。为什么？

朱棣皇帝按照他的意志建造的紫禁城，一如任何朝代、任何地方的皇帝的宫殿，一定是当时、当地最好的、最辉煌的建筑。并且，由于紫禁城是中国皇帝建造的最后的宫殿，在此之前至少有十几个世纪之久的可继承的传统和可效仿的样板，紫禁城才能够建造得既无比宏伟、无比壮丽，又无比规范、无比标准。

紫禁城，这座中国最后的皇宫，是中国传统文化中皇权文化在建筑形态上的集中呈现，是中国帝制文化、皇权文化的立体化、符号化、图像化，也是中国帝制文化与中国古代建筑文化的高度统一，甚至是最完美的统一。

当皇宫——紫禁城作为帝制时代统治核心的功能终结之后，当故宫——紫禁城转型为博物馆公共文化空间之后，当紫禁城——现在的故宫博物院——成为公众自由“观看”的对象之时，紫禁

朱棣

城便只留下了“图像”的意义。

把已经成为公众视野中的“图像”的紫禁城作为“图像”欣赏解读时，紫禁城便具有了中国传统文化、传统文化中的皇权文化与中国古代建筑文化的标本特性，从而为所有观看者与解读者提供着欣赏角度和解读通道的种种可能。

如所有的帝王一样，建造紫禁城的明朝永乐皇帝朱棣希望朱家的帝业承传万世；但他绝对想象不到，几百年之后，他的宫殿却作为世界文化遗产，作为世界上保存最为完整、规模最大的中国皇宫建筑群，成为全世界参观人数最多的游览之地。

当这么多人涌进昔日的皇家禁地——而今可以随意观看的“博物馆”的时候，有多少人是在现代理念关照下理性地解读抑或感性地领悟他们所观看着的古老的紫禁城？又有多少人在思索、探寻理性解读与感性领悟之间的碰撞与纠结？

一个基本的事实是，紫禁城作为帝制统治核心功能的终结，是民主革命的结果；皇帝的旧宫殿转型为人民的博物馆，是民国时代的文化革新与文化建设的结果。在紫禁城这样一个空间不曾改动的“图像”中，随着时间的流动，演绎、累积着皇朝与民国、君主与民主、集权与公权的对峙与交替。

正是基于这样一个基本的事实，我所指的理性解读，是以民主的、科学的价值观，还原、认识、评价紫禁城的历史，即透过紫禁城的显性图像，身临其境地直观地认识紫禁城与帝制的体制制度、礼仪规范，君主的执政行政、皇家的宫廷生活，及其与历史发展、国家民运、民众生活的关系。

我所指的感性领悟，是在感受着紫禁城强烈的视觉冲击与心灵震撼时，仔细体味紫禁城建筑的美不胜收。

我所指的思索、探寻理性解读与感性领悟之间的关系，是进一步追问，政治文化与建筑文化，中国传统文化与中国古代建筑艺术之间到底是什么样的关系？

紫禁城其实是一个“主题先行”的艺术结晶，即中国帝王意志、统治思想、传统文化的艺术结晶。

紫禁城不是在建筑美学的指引下完成的，而是在帝制、宗法、礼教理念的指引下完成的。或者说，古老文化、政治体制、社会结构、礼制理念左右了建筑的审美取向。这正是中国古代宫廷建筑审美的独特性、根底性所在。

宏大的建筑源于深厚的文化，找到了这个文化之本、文化之根，也就找到了面对紫禁城宏大建筑群之时，我们为什么总是被建筑政治理念与建筑艺术审美二者之间竟能如此完美地统一而一再震惊的根本原因。

对紫禁城的理性解读与感性领悟的最大特征，是以实体为对象为中介，以可视的可走进去的图像为对象为中介。与平面图像（印刷品）、影视图像不同，作为“建筑”的“图像”是可以走进去的、立体的、多维的图像。走进紫禁城，即走进紫禁城图像之中。在图像中行走，在行走中解读，在行走中领悟。

规模无比宏大的、迷宫般的紫禁城形成的多维的、连绵铺排的紫禁城图像，及其相应的既十分明确又非常复杂丰富的信息，足以使活动在图像中的任何人成为图像中一个移动的“图像分子”，成为被图像化了的一个“图像”，被符号化了的一个“符号”。包括皇帝时代主宰紫禁城的皇帝本人。如皇帝的登基、早朝、经筵，皇帝的坐姿站态，皇帝的行走路线，统统是被紫禁城空间严格限定了的。对臣子与奴仆的限定就更不必说了。可以说，紫禁城图像是使皇帝成为皇帝、奴才成为奴才、臣民成为臣民的坚固牢笼。

虽然皇宫的功能早已消逝，现在的人们可以大摇大摆地以主人公的姿态，以作为主体的审视者身份行走在紫禁城图像中，但仍然需要警惕紫禁城图像的隐性绑架，警惕被强大的紫禁城图像化为紫禁城图像中的一个移动的“新图像”。因为时世虽然大变，但曾经弥漫着帝制文化、皇权文化的那个实体没有任何改变，曾经发散着固化帝制、固化皇权的强大而奇异的“气场”力量的那个真实的空间仍然原样存在；况且，那种长时期的固定化了的力量太强大了，行走在这样的“气场”中，此时此刻的“这一个”的视觉与感觉，很可能在不知不觉间被感化、被置换为彼时彼刻的“那一个”的视觉与感觉，亦即成为被图像化了的“图像”，被符号符号化了的“符号”。于是，“这一个”移动的图像或符号，会随时随地不由自主地认同帝制文化、皇权文化，或它们的某一方面。于是，现在的“这一个”便成了原来的紫禁城，即皇帝的紫禁城的附属与俘虏，亦即皇帝的附属与俘虏。这样的事实其实屡见不鲜。这是我反复强调的、行走在紫禁城图像中的观看者必须自觉坚守现代理念理性的理由。

一方面，存在紫禁城图像对于“我”的绑架与俘虏，即对“我”的负面影响与改造的危险；另一方面，在对紫禁城图像的解读与感悟中，“我”对于紫禁城图像的选择、置换与再造的空间无限宽广。

一切基于紫禁城建成之后，特别是紫禁城成为现在的人们视野中的图像之后产生的多义性。

紫禁城既是一个实体，也是一个象征体，更是一个成为图像之后能够激发无限想象的空间。无论是紫禁城的建造理念，还是几百年来的实际使用，尤其是近百年的功能转换，使得这一形态未改的建筑实体在图像意义上一直处于“生长”状态。

由建造理念决定，建造之时就赋予建筑本体明显的、隐含的、象征的多重意义，在后来的使用与转换中，更“生发”出真实的、虚拟的、视觉的、心理的、潜在的多重图像；也就是说，紫禁城图像是一个动态的“成长”过程，这个过程随时间而延续。

紫禁城建造者的初衷，紫禁城“需要”的、“想要”的理解，与后人的理解、与今人的理解，与各种可能的解读，永远不可能对等。

所以，理解的过程、解读的过程，即创造的过程。“生产”出来的图像可以通过“我”的解读不断地“再生产”。参观紫禁城，把紫禁城作为图像首先是视觉行为。紫禁城是看的，不是读的。但看也是读，要让走马观花、浮光掠影地看深化为认真地解读。读属于帝王的紫禁城之图，读属于自己的眼睛、属于自己心灵的紫禁城之图。当以自己的眼睛与心灵把紫禁城作为完整的或分解的图像来读的时候，事实上参观者已进入重构的创造状态，对象已不再是建筑客体而成为参观者的主体创造了。这样，参观者就可以进入读懂原本属于建造者的帝王之图和读懂属于自己的眼睛与心灵之图的境界了。

紫禁城虽然是皇帝为自己而建造的，可是，中国的帝制一去不复返了，建造紫禁城的实际目的与使用功能也一去不复返了，谁也不会再做重建一座紫禁城的白日梦，紫禁城的原创意图就此终结。

紫禁城虽然不是在建筑美学指导下设计建构的，但由于文化的原因，作为“主产品”

的意义、作用随风而逝，而作为“附产品”的如紫禁城图像的美学价值、美学意义等反倒可能成为永恒。

在本书中，我所关注的和集中讨论的就是紫禁城之美。

紫禁城是中国传统文化、中国皇权宗法礼教、中国古老哲学诗学的形体化、格式化、标准化、图像化，因而作为东方古代建筑的集大成之作，紫禁城建筑留给人们的又是无与伦比的东方建筑之美。紫禁城之美体现在紫禁城的选址、规划、布局、结构、造型、着色中，体现在紫禁城的高低错落、疏密协调、宽窄相间、空间节奏、光影变幻中，体现在紫禁城整体的统一、完备、端庄和变化差异间的对应、和谐、均衡、灵动中。一句话：紫禁城整体的浪漫想象与细节的灵感闪烁镶嵌在高远、博大、深厚、精致的文化背景上。

这座世界上现存规模最大、保存最完整的古代皇宫建筑群，其伟大建筑已经凝结为经典。紫禁城建筑的经典性体现在经得起历史的筛选淘汰，经得起历史的挑剔，经得起现在与未来的想象——不论是它的整体，还是它的局部，甚至那些最细枝末节之处——最不为人们注意的角角落落。

既凝固又变幻的紫禁城图像属于它的创造者，属于六百多年以来所有见到和想见到它的人们，更属于今天和今后见到和想见到它的每个人的眼睛和心灵。不只从事城市规划、建筑设计的人们，也不只从事造型艺术、工艺美术的人们，所有从事艺术创造、艺术设计的人们，都能够随时随地地从伟大的紫禁城汲取艺术创造的灵感；任何一个人，只要有属于自己的眼睛和心灵，都能从紫禁城图像中直接地、直观地受到中国传统文化多方面的熏陶和东方建筑美学的强烈感染与无限启迪。

曾经的皇宫紫禁城早已成为故宫，成为故宫博物院。但宫城仍在。

紫禁城是一个奇特独特的存在。

以煌煌宫城昭示从皇朝到民国、从君主到民主之浩浩大势，唯有紫禁城；以煌煌宫城见证没落帝制皇权祸国殃民、新生人民国家自主自强，唯有紫禁城；以煌煌宫城彰显古代建筑文化、建筑科技、建筑艺术、建筑审美，唯有紫禁城。

上新了
故宫

紫禁城
上元之夜

目录

意

到底是谁规划、设计了紫禁城？只能说永乐皇帝朱棣是总规划师、总设计师。

现在的人认为紫禁城足以代表东方古代建筑的最高水平，但不能说是朱棣个人规划得好，设计得好。

朱棣绝对不是为了好看才建造紫禁城。

可是，紫禁城为什么建造得如此好看？

为什么当时好看，现在好看，以后也好看？

起决定作用的不是建造皇宫的皇帝，而是中国的古老文化，中国古老文化中的审美文化。

形

紫禁城里的房子，有一间与三间、五间、七间、九间或更多连在一起的；有不到一人高的与几米、十几米、几十米的；也有在几十平方米小院里的与几万平方米大院里的，虽然基本的组织结构大体上一致，但形态不一样，功能也不一样。

二千三百多平方米的太和殿里，只坐着皇帝一个人；而交泰殿下边不到一人高的房子里，要挤进几十个值班的太监。

宏伟与矮小，宽广与狭窄，敞亮与昏暗，张扬与遮蔽；以高低起伏，以大小错落，以疏密相间，以钩心斗角，以神秘复杂，将上下等级、亲疏远近、尊贵卑贱井然有序地区分。

声

“建筑是凝固的音乐。”

中外的哲学家、艺术家、音乐家都这么说过。

也许这说法的原创是建筑师。不过，大家都认同。

面对规模如此之大、如此复杂的紫禁城，我们聆听到的是不是一部既悠长又嘹亮、既激越又恢宏的主题鲜明、叙事宏大的紫禁城交响曲？

色

紫禁城是用强烈的色彩包裹起来的。

不可想象的是，居然可以用这么强烈、这么大面积的金色、黄色、红色，还有赤橙黄绿青蓝紫的混搭。

只有这么超常规体量的皇皇宫殿，才可以承受得起同样超常规色彩的渲染。

换言之，正是因为选择了如此鲜亮夺目、铺天盖地的大红、大黄、大金，以及其他也很鲜艳的五颜六色，与日月星辰、岁月流光相映生辉，才能与皇帝的宫殿相应相称、相得益彰。

规划·布局

到底是谁规划、设计了紫禁城？只能说永乐皇帝朱棣是总规划师、总设计师。

现在的人认为紫禁城足以代表东方古代建筑的最高水平，但不能说是朱棣个人规划得好，设计得好。

朱棣绝对不是为了好看才建造紫禁城。

可是，紫禁城为什么建造得如此好看？

为什么当时好看，现在好看，以后也好看？

起决定作用的不是建造皇宫的皇帝，而是中国的古老文化，中国古老文化中的审美文化。

壹

据《明太宗实录》记，明永乐十八年（1420）十一月初四，明成祖朱棣颁布诏书："眷兹北京实为都会，惟天意之所属，实卜筮之攸同。乃仿古制，循舆情，立两京，置郊社宗庙，创建宫室。上以绍皇考太祖高皇帝之先志，下以贻子孙万世之宏规。爰自营建以来，天下军民乐于趋事，天人协赞，景贶骈臻。今已告成。选永乐十九年正月朔旦御奉天殿朝百官，诞新治理，用致雍熙。"

朱棣告诉天下臣民，说他一直想着使北京成为都会，成为京城；在此建造新的宫殿，实在是上天和神灵的指引。天下同心，神人共助。明年正月初一，将在新落成的奉天殿举行大典，开始新的国家治理，开创新的升平之境。

永乐十九年（1421）正月初一，北京紫禁城隆重启用。

为了这一天的到来，朱棣做了许多年的筹备。洪武十三年（1380），二十一岁的燕王朱棣进驻北平封地，王府所在就是元大都的皇宫。北上扫平北疆，南下"靖难"夺取皇位，北平是他征战二十多年的根据地。迁都的想法，在新的都城建立新宫殿的勾画，或许早在燕王时期就萌生了。

永乐元年（1403），刚刚登上皇位的朱棣就迫不及待地将北平改名为北京，将北京提升为与南京并立的京都。迁都的事情虽然并不十分顺畅，但是，只要皇帝下定决心，没有办不到的事，何况朱棣又那么强势。

紧接着，营建京都、建造北京皇宫的工作紧锣密鼓地推进。安排得力大臣，各负其责；在全国范围内部署征集军工、民工和各行各业能工巧匠；采伐大木、烧造砖瓦等实实在在的准备工作，至迟从永乐四年（1406）就开始了。在南京做皇帝的朱棣，数次北巡，亲临视察。到紫禁城宫殿现场集中施工开始后，永乐十五年（1417），朱棣第三次到北京巡视，从此不再离开，亲自督造。永乐十八年（1420）年底，都城北京、皇宫紫禁城营建全面竣工，“规制悉如南京而高敞壮丽过之”。

作为总指挥、总规划、总设计的明成祖朱棣，虽然营建不易，迁都不易，但对他来说，京城、皇宫的规划和设计并不是什么难事。他长期居住生活的元大都、元皇宫，他从小居住生活的朱元璋营建的南京城、南京紫禁城，还有老家凤阳中都，都是可以直接参考和仿效的样板。以往历朝历代的皇城皇宫，虽然不见了踪影，但也有文字记载。更早的《周礼·考工记》，则是所有宫城营建的基本原则。

所有帝王都会把自己的愿望和行为说成是上天的指示和安排，自诩为“天子”；把自己建造的，为子子孙孙建造的宫殿叫作“天子的宫殿”，并且说建造这样的宫殿，不是自己想建，而是按照上天的旨意建造的。朱棣在宣告紫禁城落成和使用的诏书中也是这么说的。他把他的宫城宫殿的大门叫作承天门、奉天门，把他的最重要的宫殿叫作奉天殿，无非是想把“承天启运”“受命于天”这样一贯的帝王思想表达得更明白、更直接。

照此说法，“天子的宫殿”理应受到上天的保护，可是，几千年来历史上的改朝换代，大部分帝王的宫殿免不了被摧毁的命运。朱棣的宫殿还算幸运，紫禁城作为中国皇帝最后的宫殿完整地保留下来了；不过，朱棣还是受到了“上天”的无情惩罚。就在北京的宫殿正式启运还不到一百天的时候，崭新的紫禁城、奉天殿一派辉煌，朱棣登临奉天殿的兴奋期还没有过去，奉天殿即遭雷击，三大殿全被烧毁。灾难实在是来得太快了。明史记载简到不能再简：“夏四月庚子（初八日），奉天、华盖、谨身三殿灾。”一年之后，乾清宫又被烧毁。

朱棣从侄子手里夺得皇位之后，最重大的一件事就是肇建北京紫禁城，迁都北京。朱棣无论如何想不到，也想不通，他的宫殿为什么这么快就化为灰烬？如果他真的相信君命天授，这来自上天的惩罚会使他更加惶恐不安。确实如此。震惊之下，他下了一道诏旨反省自己：朕心惶惧，莫知所措——我是不是敬天事神有所殆欤？政务有乖欤？善恶不分欤？曲直不辨欤？忠言不入欤？国用无度欤？民生不遂欤？民力凋敝欤？他号召文武群臣大胆地提出意见，若自己所为真有不当，一定加以改过，以回天意。他还下旨免除了几年前未收上来的赋税和上一年受灾田粮；自己的生日也不搞庆典活动。生日那天，朱棣对群臣说：“上天垂戒，奉天等三殿灾，朕心勤惕，寝食不宁，方反躬省愆，遑遑夙夜。”他理应是真心实意地征求群臣意见，可是，当有人再度提出不该迁都时，朱棣震怒，将主事萧仪下狱冻饿而死。

如此行径，表现出来的正是朱棣被天火烧出的最大痛点和极度空虚。他一任三大殿烧焦的废墟裸露在他的紫禁城里。在此后的三年里，朱棣三次出征漠北，似乎在一次又一次地证明他迁都的必要与正确，但收效甚微。最后一次，朱棣死在回京途中。或许他不愿意再回到已是废墟的宫殿里。朱棣驾崩，奉天殿继续废墟着。二十年后，中间隔了两个皇帝，到正统五年（1440），三大殿、乾清宫才得以重建。

紫禁城也经历了改朝换代的变故。和以往的朝代更替不同，清朝取代明朝并没有摧毁明朝的都城和宫殿，而是拿来照用。朱棣建造的紫禁城，成为明清两朝的皇宫。虽然多次遭受火灾和破坏，最终它还是完整地保留了下来。数百年来，经过朱棣之后的皇帝们的不断修修补补，这座帝制时代的最后的皇宫更加精致，更加规范。

紫禁城之前的中国历代皇宫、宫城建筑，尽管有记载的文字，有残存的痕迹，如阿房宫、未央宫、大明宫等等，毕竟非眼见之实，只能作为考古调查发掘的遗址和想象宫殿景象的依据；紫禁城之后的不可能再有，自不必说。紫禁城因此成为至少两千多年以来中国皇宫整体留存的孤例，成为世界上现存规模最大、保存最完整的皇宫建筑群，成为今天的人们可以走进去认识帝制皇权的标本，认识中国古代建筑文化、建筑艺术的标本。

贰

观看紫禁城最好的位置，是与紫禁城北门神武门仅一街之隔的景山公园里最高处的万春亭。

从人工堆积起来的 88.7 米高的景山万春亭南望，紫禁城全貌尽收眼底。向北，是御苑内主体建筑皇寿殿；御苑北，是皇城北大门北安门（即地安门）；再往北，是晨钟暮鼓的鼓楼、钟楼；再往北，往北，望不见的地方，则是明代皇帝们的陵地天寿山和燕山雪花大如席的燕山山脉了。景山西，近处是以琼华岛的白塔为中心的北海，与南面的中海、南海组成以荡漾的水面为主的皇宫西苑，面积比紫禁城大了许多；远处的西山，向北往东，就与燕山连在一起了。由近及远，由远及近，近处的靠山依水，远处的山环水绕，紫禁城都拥有了。

这么一处绝好的看点，其实是皇帝们早就安排好的。

元大都的皇宫御苑与明清皇宫御苑的范围相差并不是很大。元朝的皇帝虽然不是特别的讲究，他们觉得逐水而居很适合他们的脾性；但附近得有座山，哪怕不高不大。于是，挖太液池（今北海）的泥土便堆成一座“青山”，帝后们就可以有山有水的游逛了。

明成祖朱棣很讲究，要高大上。既要镇压元朝的王气，还要作为自家王朝坚实的“靠山”。于是，他下令把拆毁元朝宫殿的垃圾，把开挖紫禁城护城河的泥土，一并堆压在元朝御苑的小青山上。于是，这镇山、靠山一下子就高大起来，再命以“万岁山”之名；虽然还是供帝后们游逛，感觉就大不一样了。崇祯帝在登极之前，肯定在万岁山上欣赏过他家的宫殿，直至死到临头，还要挣扎着爬上万岁山，最后朝南看一眼他的紫禁城，朝北望一望他家的皇陵，自骂一声“无面目见祖宗”，然后走向那棵歪脖子树，了结了自己，也了结了一个长达二百七十六年的皇朝。

清朝的皇帝更讲究。干脆把山名改为景山。最讲究的当然是乾隆帝。乾隆帝最讲究在景山上如何更方便、更爽快地观赏他的紫禁城。他在山前建绮望楼，在山上依山就势建观赏亭。一座不够，要五亭排列，要移步换景，要错落有致。他在山后重修寿皇殿建筑群，供奉列祖列宗。这样一来，游逛的内涵就更丰富了，欣赏起自家的宫殿就更得意了。

这座元、明、清历代皇宫后面的人造之山，既是皇帝的镇山、靠山、万岁江山，也是他们自得、自大、自高、自恋之山，更是他们的自灭之山、自逃之山、下台之山，中国皇权帝制的终结之山。1924 年 11 月 5 日，京畿卫戍司令鹿钟麟奉民国政府令带兵进入紫禁城，“逼”溥仪清室“小朝廷”即刻出宫。面对清室的纠缠拖延，鹿钟麟望望景山，向随从说：“时间虽然已到，但尚有商量余地，传我命令，先不要开炮。”溥仪等一听，立即在《修正清室优待条例》上签字，乖乖地由鹿钟麟护送，匆匆出宫。三十七年后的 1961 年，在全国政协纪念辛亥革命五十周年活动中，溥仪与鹿钟麟相逢。溥仪说，你安排在景山上的大炮真可怕。鹿钟麟说，哪里有炮，吓唬你的。两人握手，相对哈哈大笑。

今天的景山，仍然是观看紫禁城的最佳去处。它是今人最佳的反思历史之山、感悟历史之山。站在北京城中轴线制高点的景山山顶，极目东西南北，思接古往今来：元兴元灭，明兴明灭，清兴清灭，中华民国，中华人民共和国——六百年大变局历历在目。

今天的景山，是中国古代建筑文化、建筑艺术的最佳观赏之山，审美之山。在这里看已有六百年历史的紫禁城，丽日蓝天，云卷云舒，雨雪阴晴，朝晖夕映，气象万千。

我经常站在景山上凝望紫禁城。往往选择日出日落时分，或者雨雪之时与雨雪过后，凝视、感觉并捕捉从连绵铺排的黄色屋顶上浮动升腾着的辉煌与迷蒙。

我也经常穿行在紫禁城中的殿宇之间，在一座隔一座或一处连一处迷宫般的通道与院落里转来转去；也曾在薄云遮月的寒冷的冬夜，触摸寒风窜过深深夹道时的奇怪的声音，寻找和等待在剪影般的高墙屋脊檐角间时隐时现的月亮。

每当这时，我总会产生一些奇怪的想法，我会觉得紫禁城的规划设计，不可以用任何建筑的规划设计的常理来解释。

紫禁城落成后，如历代的皇宫落成，照例需要一些歌功颂德的诗赋。朱棣命他认为最有才华的也是最接近他的大臣去写。文渊阁大学士杨荣、金幼孜写了《皇都大一统赋》，李时勉写了《北京赋》。除了照例地歌颂“圣王”永乐皇帝外，主体还是隆重描述紫禁城的，从中可以看出紫禁城的建造理念。杨荣赋中有这样的辞句：“应天以顺时，辩方而正位；乃相乃度，载经载营；贯天河而为一，与瀛海其相通；西接太行，东临碣石，钜野亘其南，居庸控其北；北通朔漠，南极闽越，西跨流沙，东涉溟渤；势拔地，气摩空；梢横青天，根连地轴；包络经纬，混沌无穷；仰在天之神灵，隆万古之尊号……”

这类似曾相识的与历代御用文人颂扬帝王宫室一样路数的华丽词句，看起来很玄虚，很缥缈；实际上，这样的大思路、大视野对于紫禁城的营建起着决定性的作用。

古代绝没有现代的科技水平、科技手段，没有航测遥感、卫星定位、精确到厘毫的实测精密仪器，但古人有古人的遥感、遥看、遥测。古人，中国人，是相信天地相应、天地感应、天人合一的。天上有北辰贯中天，地上有南面听天下。天有天轴，地有地轴。天上有紫微星垣，地上有紫禁城。山有山势，水有水势，地有地势。山水融结在天，裁夺在人。大靠想象力、眼力，小靠功夫、工巧。

如果可以说这是中国传统文化中认识天、地、人的宏大的宇宙观、哲学观的话，如果以这样的宇宙观、哲学观作紫禁城的创意理念、作紫禁城规划的指导思想的话，那么，紫禁城的规划设计实在是一种精神状态、一种理念、一种意念，因而是高深莫测的、无比神秘的、庄严神圣的、至上至尊的。

在永乐皇帝心中，在臣民心中，在所有参与其事的人们心中，他们将要建造的、他们将要看到的紫禁城，是矗立在天地之间的、沟通天地人的光辉的形象与神圣的标志。

其实选择在哪里建都城、造宫殿并不是最重要的。这些关于建都造宫的理念是最重要的。如果朱棣像以往的皇帝们一样选择在洛阳、长安、开封建都的话，也会是这么想、这么说的。而且，周、秦、汉、隋、唐、宋的皇帝和文人们早已这么说过了。

毫无疑问，朱棣是紫禁城的总规划、总设计、总指挥。他下面有一个出谋划策、奔走督办、执行操持的班子。不管是谁，有一点是肯定的，从大的方面来说，紫禁城不是测出来、量出来、算出来的，是想出来、看出来、说出来的。自然，一定有一些人，不少的人，要做许许多多很实际、很具体的工作：仰观天象，俯察地理，中参人和。他们得堪天舆地。他们至少得在北京城的四面八方风餐露宿。他们不知多少次站在北京的西山上、北山上指指画画。目之所及，心之所想，他们得说出昆仑山如何与燕山山脉相连，得说出大海大水在什么地方，得说出个天高山远、地广水长、纵横四海的天下大势来，得说出北京城、紫禁城在天地山水间的至尊至荣的位置来。

说出这些来并不难。他们有足够的历史参考资料，包括文字资料与口头传说资料。因为中国的皇帝们早已在不少地方建造过不少皇宫了。他们在不同的地方说过类似的话，做过类似的事。元朝人在这里建元大都的时候说过类似的话，做过类似的事。朱元璋建南京都城、建南京宫城紫禁城时也说过类似的话，做过类似的事。

让皇帝相信更不难。朱棣曾作为皇帝的儿子，被朱元璋封为燕王，驻守北平，统领军队。朱棣在他独自苦心经营的封地生活了那么多年，他多少次从北京北出北伐，南下南征；凭着他对北京的感情，对北京周边及更远些地方的山山水水的熟悉，他很容易认同、很容易相信北京的风水最好的说法，更容易相信、更容易认定即将拔地而起的紫禁城的风水最好的说法。几乎可以肯定的是，最初的北京城、紫禁城的风水版本，原本就出自他的授意。

退一步说，即便实际状况并非如此圆满，也能够说成这样，而且会说得让人没法儿不信不服。即便现在的环境艺术家、现在的城市建设规划师、现在的建筑设计师，还有如我们这样的北京市的普通市民，天气晴朗之时，站在北京西面北面的山坡上，极目四望，天上地下、南北东西地想一想，不仅能感受甚至也能说出些类似的道理来。

虽说紫禁城是想出来、看出来、说出来的，在立项论证的时候，讲理念、讲思路的时候，固然可以也有必要大而无当，天马行空，但到具体规划设计的时候，必须想得、看得、说得很实际、很现实、很实用，得把那些玄虚缥缈的词句落到实处。

至上至尊的紫禁城既不能超凡脱俗，又必须超凡脱俗。既要在人间，要有人气，有臣子，有百姓，又不能混同于普通老百姓，也不能混同于王公贵胄。皇帝就是皇帝，都城就是都城，皇城就是皇城，宫城就是宫城。

紫禁城外有皇城，皇城之外有内城，内城之外有外城。紫禁城是城中城的城中城。既是层层围绕、团团簇拥的中心，又是超然于世的禁地。

紫禁城的占地面积、紫禁城的建筑群落与建筑体量，自然是以大为贵，以多为贵，以高为贵的。以护城河为界，占地足足一百万平方米。房屋总计据说是九千九百九十九间半。除了赫赫皇家，谁还能有如此的资格、气魄、实力？

北京城所有的民宅、官宅都是低矮的，包括皇亲国戚的府邸，必须遵守大小、高低、样式的严格规制，只有紫禁城是高大的，还有宽河护着、高墙围着，不准进去、不得靠近，连正视也不得，可望而不可即。视线越过高墙偶或可以望见少许黄色的屋脊，一般人只能想象里面的样子。里面的人站在高处则可以无遮无拦地看远山，看远地，看近水，看匍匐在脚下的大片大片的灰色的房屋。距离足以产生高贵，神秘方可保持至尊。

连色彩也是这样。整个北京城是灰色的，唯独紫禁城是黄色的、红色的——黄色的铺排的屋顶、红色的绵延的墙壁与门窗。那是天上的太阳的颜色，那是红日东升时候的颜色，那是可以与太阳相互辉映的颜色，是太阳的光、耀眼的光、灿烂的光，是造就辉煌与至尊的光。

犹如紫禁城处于北京城的中心，是都城北京的核心一般，紫禁城的内部布局更是讲究突出核心与服从核心。最重要的是那条与天轴对应的地轴，北京城的中轴，进紫禁城出紫禁城的中轴。所有重要的高大的建筑都由中轴贯穿起来。中轴上最重要的是三台之上的三大殿，三大殿中最重要的是太和殿，得用一切手段让它突显出来，让它高耸入云，让它与天相接，让所有看到它的人都能产生云拥天帝的天子的宫殿的感觉。

这是最核心、最重要的定位了，其他就好办了。一切依次安排，依次安排各自的位置、形制、高矮、大小、宽窄、色彩、名号、功用。一通百通，一顺百顺——所有的布局、所有的建筑、所有的空间；再大，再多，再宽，再广；方正，规矩，条理，秩序，稳定——一切都在服务与渲染天子的宫殿的崇高与至尊。

按照帝王的意志，按照为帝王服务的意志建造的紫禁城，如任何朝代、任何地方的皇帝的宫殿一样，一定是当时当地最好的、最辉煌的建筑。并且，由于紫禁城是中国皇帝建造的最后的皇宫，由于其之前至少有十几个世纪之久的可继承的传统和可吸取的经验，与以往的皇宫相比，紫禁城有可能建造得无比恢宏、无比壮美、无比艳丽，同时也无比规范、无比标准。

紫禁城，这座中国最后的皇宫，是中国传统文化中皇权文化在建筑形态上的集中呈现，是中国帝制文化的立体化、符号化、图像化，也是中国帝制文化与中国古代建筑文化的高度统一，甚至是最完美的统一。由此，把已经成为公众视野中的“图像”的紫禁城，置于图像学视域中被观看被欣赏被解读时，紫禁城便具有了中国传统文化、传统文化中的皇权文化与中国古代建筑文化的标本特性，从而为所有观看与解读者提供着欣赏角度和解读通道的种种可能。

紫禁城不只是一个时空中的存在。

没人否认紫禁城是一座伟大的建筑，也没人可以否认紫禁城的规划设计实在是大手笔，大气魄。可是，也没人能够明确指认谁是这座建筑最伟大的设计家。朱棣不是，参与营建紫禁城的那些有名有姓的人们也不是。紫禁城其实是一个“主题先行”的艺术结晶、中国传统文化的艺术结晶。确切地说，紫禁城是中国古老哲学、诗学、传统礼制、礼教的格式化、物象化、美学化，是集体无意识的创作。

紫禁城的选址、布局、造型、着色，紫禁城的高低错落、疏密协调、宽窄相间，紫禁城变化差异中的对应、和谐、均衡，不是在建筑美学的指引下完成的，而是在建筑理学的指引下完成的。

悠久深厚的中国传统文化是紫禁城定位奠基的原点，是紫禁城营建的基准线，或者说古老文化、礼制理念左右了建筑的审美取向——这大概正是中华民族建筑审美的独特性所在。

面对紫禁城，我只是惊异于建筑理学与建筑美学二者之间何以如此完美地统一？不知这仅仅是一个特殊的个案还是普泛的规律？但有一点我是明白了的：伟大的美在于整体而不在局部，任何时候伟大的美都是整体的美，这样的整体之美是大美。大美不言。大美有声，有形。这样伟大的美一定有它的深深的整体文化、系统文化之根，如一棵迎风独立的参天大树一定有其发达繁盛的根系那样。

伟大的建筑来自伟大的规划，伟大的规划源于伟大的文化。整体的浪漫想象与细节的灵感闪烁镶嵌在高远、深厚、精致的文化背景上——皇帝想要建造的，皇帝为自己建造的至尊的紫禁城就是这样。

所谓的天地感应，天人合一，金木水火土，天地日月人，中国传统文化中这些天与地、人与天地自然的推演移易的文化理念、哲学思想，统统可以用来为帝王的宫殿辨方正位、象天立宫，都可以用来论证君权天授、普天之下唯我独尊的权力、等级与秩序的天然合理。

虽然所有的出发点与所有的指向都在竭尽全能地凸显皇城皇权的至高无上，渲染天子宫殿的独尊天下；虽然只有皇帝能这么想，也能这么做，也只有皇帝才能做到，但从建筑设计的角度考虑，这实在是极其浪漫的事情，也是很诱人、很迷人的事情。从建筑美学的角度看，这正是必定成为中国古代建筑经典的紫禁城的大环境观、大环境艺术的根源与灵魂所在。

叁

我不止一次地看到过这样的资料，也不止一次地听说过这样的事：中国的、外国的建筑家、艺术家、设计师、外交官等专业人士，以及普普通通的人，面对紫禁城时，觉得中国宫殿的空间大得令人感到“茫然”。穿过紫禁城的城门或站在城门下面时，会感到独一无二的、特有的了不起的威严高贵。

我不知道产生这种感觉的心理依据主要来自何处，我知道几乎所有论说紫禁城、北京城的专家学者，一致赞扬被营建者发挥到极致的那条中轴线，那条南起永定门、北达钟鼓楼，贯穿紫禁城而过的长达八千米的中轴线，那条被称为伟大的轴线、神圣的轴线、王者的轴线的中轴线，大有伟大的紫禁城源自伟大的中轴线的意思。的确如此。至少可以这么说，没有这条中轴线，紫禁城不会这么庄严；当然，没有紫禁城，中轴线也不会这么伟大。

1420 年紫禁城落成之初，这条中轴线起于前门。嘉靖年间，京城扩建，中轴线南移至新建的永定门。20 世纪 50 年代末，作为轴线起点的永定门被拆除，中轴线起点消失。21 世纪初，永定门城楼复建，中轴线起点重新浮现。

许多年以来，只有皇帝本人，只有极少数人才可以沿着中轴线进入紫禁城，进入太和殿；现在，所有的人都可以像当年的皇帝那样沿着这条中轴线进入紫禁城，进入太和殿。可是，并非所有的人都能意识到京城营建、紫禁城营建的轴线结构的意义。

紫禁城破土动工之时，不知是否在什么地方举行过什么规模的奠基礼。整整六百年过去了，就中轴线而言，虽然最重要的精髓还在，大体的格局还在，但变化还是不小的。除了那些醉心于京城营建、紫禁城营建的人们的心中依然保留着那个完整的、甚至完美的京城图像、紫禁城图像之外，对于大多数人来说，已经不大可能形成那个大紫禁城的图像与概念了。

尤其是，那条神圣的轴线还能带给我们什么？

有兴趣的话，可以从被称为伟大的中轴线的起点走向太和殿。

从永定门开始。

四百五十多年前这座城楼落成时的情景。那时的城楼也是崭新的，但肯定不是眼前这座几年前复建的城楼的新样子。那时的城楼也是很突出的，但不孤立，不像今天这样，在四面林立的楼房中看起来完全是个另类。一座孤零零的城门楼，没有箭楼，没有瓮城，既没有城墙连延，又没有城河环护，怎么打量都觉得有点儿不伦不类的尴尬。

登楼南眺，尽管意识到自己是站在北京城中轴线的起点，但仍会感觉到这条中轴线其实是一直伸向天尽头的，伸向无遮无拦、无边无际的苍茫大地的。至少直接通向不远处的皇家猎苑南海子，那是当年皇帝们常去围猎、阅兵的地方。

城楼北面的东西两侧，东有皇帝祭天的天坛，西有皇帝躬耕的山川坛（先农坛）。单就祭天祭地而言，嘉靖帝向南扩建外城并非明智之举。试想，空旷的天坛，天坛外空旷的原野，野旷天低树，是适于、易于对天祈祷的；再想，皇帝亲耕的一亩三分地外面，田陌接天，皇帝在墙里耕，百姓们在墙外耕，可谓天下同耕；一旦圈进高高的城墙里面，又有城楼望着，通天接地的感觉就少了许多，天下同耕的意境就差了许多。

向北望去，那条引人入胜的被称为伟大神圣的中轴线清晰地出现在眼前：一条笔直的大道直指前方，像箭一样，像光一样射向远方，四千米处的正阳门隐约可见。正阳门后是天安门，天安门后是端门、午门、紫禁城，再往后是景山、鼓楼、钟楼。这条笔直的大道像一束强光那样照向照亮这座城市里最重要的建筑。所有重要的建筑都由这条大道一一贯通。这的确是一条一往无前、无可阻挡的威严、庄严的神圣大道，一条界限分明、光芒四射、拥有无限风光的天下大道。这就是被称为伟大的王者的中轴线的力量所在吧。

从永定门到前门并不算最重要的地段，只是掀起高潮的前奏。即便如此，也非同寻常。因为这里是乡野走入都市、茅屋幻化宫阙、江湖登临庙堂、散漫纳入秩序的过渡段落。皇帝的经常出入并不是其中最重要的仪式，最普遍、最平常也最具魅力的是王公贵族、外国使者、地方官员、文人学士、科考举子、古玩戏艺、商人旅人的八方，朝夕交流。客店商号云集此处，各种大小会馆就累积发展到有一百四十多处。各样的信息如风一样吹来吹去。行走在这样的路途间，本应应接不暇流连忘返；可是，所过之处除了它的名字及由此产生的联想之外，已经很难寻找到当年的状态了。四千米的路程，不到一个小时匆匆走过。遥想康熙、乾隆帝为天下祈雨，曾素衣步行，从这条道上匆匆走向天坛，大概他们装扮得很像个商人书生或农夫吧，当时不少人肯定见过他们，只是没认出来。不管这条大道如何变化，这样的事情，倒是值得时常想起。

再往前走就是正阳门箭楼。门楼还是原来的门楼，可是，没了瓮城，没了向两边延伸的城墙，如永定门一样，怎么修也无法恢复旧时容貌。

从城楼至天安门之间的变化就更大了。当年京城、皇城、紫禁城落成，从正阳门门洞进入城内，一眼就看到横在眼前的红墙黄瓦三券洞门的大明门。明成祖朱棣让解缙题写的“日月光天德，山河壮帝居”的对联格外醒目。这是真正的皇城大门。对一般人来说，这座大门是永远关闭的。正阳门与大明门之间的棋盘街才是东城、西城居民百姓、东侧、西侧政府部门来往的主要通道。清朝取代明朝时，只把大明门上刻着“大明门”三字的石匾翻过来，刻上“大清门”三字，原样嵌了上去，改朝换代在一瞬间被简化为翻一块牌子、改一个字的小事。辛亥革命后，大清门改为中华门，有人也想简单地翻一下牌子、改两个字了事；可是，翻过来一看，竟是“大明门”三字，只好赶刻木匾挂上。虽说辛亥革命不算彻底，但也绝非明清易代那样翻牌子的事。新中国的成立是真正天翻地覆的大事。不久之后，中华门就被拆除了，通往天安门的皇帝的御道扩展成人民的广场。再后来，中华门所在地建起了毛泽东纪念堂。新中国的缔造者长眠于帝制时代皇朝大门的位置上，实在极具历史的意味。

无论如何，大明门、大清门、中华门，不管叫作什么门，这座真正的皇城正门再也看不到了。门内原本是由东西两侧各一百一十间连檐通脊的低矮的廊房相夹而成的长长的千步廊，千步廊的尽头是高高耸立的天安门。把天安门推崇衬托得无比高大威严的千步廊，同样再也看不见了。天安门前与千步廊连在一起的以六米高的红墙围起来的“T”字形广场也不见了，连同东西两边的长安左门、长安右门，取而代之的是可容纳百万人的世界第一大广场。毛泽东纪念堂、人民英雄纪念碑、中华人民共和国国旗，依次排列在原来的御道正中，排列在过去是、现在也是的伟大的中轴线上。天安门广场上每天成千上万的游人中，绝少有人想到他们正徜徉在昔日的皇家禁地，绝少有人感觉到他们正在不停地从皇帝的御道、从中轴线的这边走到中轴线的那边。

天安门以南的中轴线地带的变化确实太大了。站在金水桥与天安门之间南望，掠过汉白玉拱形桥面，本来可以看得见大清门、正阳门，甚至永定门重叠的门洞，正如回首北望，穿过天安门、端门的门洞，能看得清午门的门洞一样。而今，向南的御道和门洞都不见了踪影，只见宽广的天安门广场人流如织，五星红旗迎风飘扬，人民英雄纪念碑高高耸立。

这时候，转过身来，向北，不仅可以看见紫禁城，而且可以穿过天安门门洞，穿过端门门洞，一直走向紫禁城的正门午门。红色的墙、黄色的琉璃瓦告诉你：那座保护完整的紫禁城就在前面。这时候，你会真切地感觉到你正走在近六百年前的御道上，走在数百年来只有皇帝才可以走的御道上，走在二十多位皇帝走过的御道上。

御道是用青白色的巨大的石块铺就的，据说每块石头重达上万斤。巨石铺就的御道应当从大明门开始，但保留到现在的只能从天安门前的金水桥开始了。由于石质的不同，每块石头磨损的情况不一，但那种厚实、沉重、坚硬，甚至顽固的感觉是一样的。御道之外的东西都变化了，或变化过了，消失了的也不在少数，唯有这些石块纹丝不动地存在着，记录着，记忆着，见证着全部历史。

也许因为经历了太多的风雨，经历了太多的磨炼，坚硬沉重的御道终于变得光滑柔润起来。真实的情形应该是这样的：五百年来，铺就御道的巨石基本没有多少变化，因为二十多位皇帝走过的次数数得出来，殿试的前三名也数得出来，这些数得出的脚印根本丝毫无损于御道巨石的粗粝与尖刻；然而，自从皇宫转型为博物院之后，尤其是近几十年来，每年数百万、数千万的参观者在古老的御道上来来往往，很快就把这条坚硬顽固的御道打磨得光滑柔润又闪闪发亮了。

这就是历史。这就是触摸历史，感触历史。就是这条现在终于变得光滑闪亮的中轴御道，穿过无数的风雨，引领无数的人们，走进京城皇城紫禁城最核心、最重要的地方，走进历史的深处和高处。

肆

整齐光亮的、长长的御道直直地穿过天安门，穿过端门，伸向午门，伸向高大的城墙和雄伟的城楼的正中，伸进午门的门洞。

紫禁城红色厚重的大门仿佛是被笔直的御道推开似的。穿过午门门洞，在期待看见又一个门洞的时候，梦幻般的世界豁然浮现——弯弯的内金水河、金水桥横在眼前，四面黄色的屋顶铺排开去，融入蓝蓝的天空；继续前行的御道越过白色的内金水桥，突然停止在殿宇般的太和门前。

站在太和门高大宽敞的廊柱间回望一路走过的中轴线，依次透过午门、端门、天安门望远镜般的圆形门洞，居然看得见驶过天安门广场的一辆又一辆公交汽车。如果千步廊还在，如果大明门还在，如果天气晴朗，一定能继续依次透过大明门、正阳门、永定门的门洞，看到更远更远的地方。这就是伟大的中轴线足以穿越时空的力量所在吧。

同时，你又会强烈地意识到，你必须、也只能沿着笔直的中轴线走，必须、也只能通过重重门、层层墙才可到达太和门，到达太和殿，到达皇帝的宫殿——这就是所谓伟大的中轴线“王”道“霸”道、威严庄严的力量所在吧。

那就站在太和门正中，瞻前顾后，仔细体察其中的“奥秘”吧。

早在“周礼”的时代，就有天子“五门三朝”的讲究。一直流传下来，又有了“九五至尊”的说法。现在看起来，确实有些数字游戏的趣味，但在王朝帝制的历史上，一旦和帝位皇权纠缠在一起，就被解释、阐述成必须遵循的“经典”了。比如，阴阳说里单数为阳，双数为阴；阴为坤，阳为乾，皇帝就是乾阳的代表。一三五七九，阳数里五居中，就有了“王者居中”；九最大，就有了“九五至尊”。紫禁城里，这样的数字组合、数字表达无处不在。单看中轴线上的门。永定门、正阳门、大明门、天安门、端门，五座门之后正是紫禁城的正门——午门；加上紫禁城里的太和门、乾清门，后门神武门，一共是九座门。午门外是外朝，午门至乾清门是治朝，也称前朝；乾清门内是燕朝，也称后朝、后寝——天子五门三朝，或者天子九门三朝。不论怎么附会，怎么发挥，数字和次序是不会变的。

我也比附过。为了亲身体验一番别人所说的了不起的中轴线的力量，体会中轴线和北京城的关系，和皇城、皇宫的关系，我从新复建的永定门走起，向着太和殿走去。大明门（大清门、中华门）不在了，我假设还在。当我穿过一个又一个门洞之后，我登上太和门。我站在太和门中间，回望我走过的中轴，回望我穿行过的门洞。我有我的算法：永定门两个，正阳门两个，大明门一个，天安门、端门、午门各一个，发现一共是八个门洞；可是，一加上我站立的太和门，又是九个！

我知道太和殿就在我的身后。我转过身来，发现笔直的青石御道并未消失在太和门前，它已经穿过太和门，直向巍峨的太和殿延伸而去。

巍峨的宫殿的殿脊伸向辽远的天空——近在咫尺的宫殿立刻遥不可及了：

八门洞穿九门开，
大殿崇楼顺次排。

青石御道何处去，

奉天本在云霄外！

太和殿往北，青石御道继续延伸。穿过后三宫，穿过御花园，穿出紫禁城的北门神武门，直上万岁山顶万春亭（今景山万春亭）。

万岁山在元代的时候就略有模样了，它是用开挖太液池（现北海部分）的泥土堆起来的一座小“青山”，明代紫禁城的肇建者们用拆除元大都宫殿的建筑“垃圾”，用开挖紫禁城护城河、开挖太液池（现南海部分）挖出来的上百万立方米的土石，为紫禁城堆起的一座镇压元代王气的“镇山”、一座自己永久的“靠山”，所以将其取名为万岁山。现在，这座人造靠山更多的作用发挥在俯瞰紫禁城上。河泥一旦成山，则成为悠然登临的看城之山（所以清朝就改名为景山）——防卫的河与山化作权威与礼仪的河与山，又化作审美的河与山。当然，此种审美的功能在那个时候也是生活在宫里的帝王们和他们周围的人们所独享的。我相信入主紫禁城的明、清皇帝们都会登临此处，与身边的臣子或后妃指点他们的后宫前宫、北门南门以及都城的城门甚至更遥远的山川江河。

对于今天的普通民众来说，这座松柏掩映、上有玲珑五亭的高地则是一个感触古老皇宫、皇城以及整个古都北京的最佳去处。不管什么时候，站在中轴线上的这个最高点上，就可以尽情地、真切地感受那条通天贯地的伟大的中轴线了。在这个制高点上向南望去，依次掠过神武门、钦安殿、坤宁宫、交泰殿、乾清宫、保和殿、中和殿、太和殿、午门、端门、天安门金黄色的大屋顶，正阳门、永定门清晰可见，再往南是古柳飘拂、水草丰茂、鹿鸣鸟语的当年皇帝们常去围猎、阅兵的南海子。再往南呢？是无边无际、无遮无拦的苍茫大地。向北望去，鼓楼、钟楼历历在目。往北，再往北，就是“燕山雪花大如席”，就是

“天苍苍，野茫茫，风吹草低见牛羊”的景象了。

宫城里，皇城里，都城里——这座城市里最重要的建筑，所有重要的建筑都被伟大的中轴线一一贯通。这些建筑是京城里最重要的建筑，当然也是全中国最重要的建筑。何况这条伟大的中轴线又以紫禁城为中心向南北两个方向无限延伸，贯通天地宇宙呢！

这的确是一条一往无前、无可阻挡、威严庄严的神圣轴线，一条界限分明、光芒四射、拥有无限风光的天下大道。这就是被称为伟大的王者的中轴线的力量所在吧。

伍

对于中国现在的首都，也是中国历史上著名的古都北京来说，2008 年北京奥运会的特大亮点、特大收获，莫过于让全世界的人们，也让中国人突然发现或者更加清晰地看见和感知了这条伟大的中轴线。

这从最北端的奥林匹克公园的设计建设就开始了，并随着“鸟巢”的成形和完成日益清晰。当然，中轴线闪亮登场的高潮，还是奥运会开幕式上仿佛来自天外的巨人留在天空中的脚印的出现，仿佛来自天外的巨人从永定门的上空跑向鸟巢的上空。那一刻，不只是北京人，全中国的人，全世界的人，都清清楚楚地看见了——二十九个巨大的脚印刹那间照亮了北京城那条笔直的、伟大的中轴线。

第 29 届奥运会开幕式的设计者着意凸显的中轴线南起永定门，北至奥运主会场“鸟巢”。事实上，它们并不是中轴线的两端。更确切地说，中轴线本无起点与终点。中国古代的宇宙观里有天有天轴、地有地轴且天地对应的说法。中轴线既是中国古代都城营建的时空定位，又是可以无限延伸的时空概念。现代的延伸与古代的延伸遥相呼应——永定门正南的南苑是当年的皇帝们从中轴线向南延伸出来的狩猎、操练军队的皇家御园；鼓楼、钟楼正北是现在为奥林匹克运动会从中轴线向北延伸出来的“鸟巢”、奥林匹克公园。而中轴线的无限延伸，便贯通了广袤大地、江河山川，贯通了古代现代、时间空间。

六百年前，随着这条中轴线的确定，中轴线上最核心、最重要的建筑紫禁城横空出世。从那个时候开始，这座集中了、当然也代表了中国古代建筑科学、建筑材料、建筑工艺、建筑艺术最高水平的宏伟的皇帝的宫城，就以其独特的魅力吸引着世界的目光。一直到今天，紫禁城依然是举世瞩目的世界上规模最大、保存最完整的皇宫建筑群。六百年后，以紫禁城为原点的中轴线上，一座足以代表当今建筑科学、建筑材料、建筑工艺、建筑艺术水平的巨大的“鸟巢”横空出世。由于第二十九届奥林匹克运动会的开幕式，由于接下来的一连串的世界纪录的诞生，更由于它与紫禁城的关系（从建筑文化的意义看），它以超乎寻常的速度备受全世界的高度关注，并被评价为当今世界上最具代表性、最优秀的建筑之一。

跨越六百年的时空，紫禁城与“鸟巢”，森林般的木结构、钢结构网络，连绵铺排的黄色琉璃砖瓦装点的中国古代皇宫建筑的优美曲线，与扭结舞动的灰色的钢筋铁骨的优美曲线，在同一条中轴线上相守相望。

完全有理由相信，中轴线上古老的紫禁城与现代的“鸟巢”，足以成为最有意味的彰显中轴线深厚历史内涵及过去、现在、未来相连互动的形象标志。此种形象标志所具备的意象性、象征性意义，随着时间的流动，越来越被人们认知、记忆。

正如没有这样一条伟大的中轴线为古老的北京定位奠基，古老的北京可能没有这么伟大一样；如果没有这条伟大的中轴线为奥林匹克主会场定位延伸，现代的奥林匹克运动会就会缺少些历史的积淀。

古老的中轴线、古老的紫禁城当然不会想到自己与今天的奥运会能够产生如此直接的联系；但是，经典的建筑、经典的建筑文化、经典的建筑艺术，它们的伟大、它们的力量，正体现在它们历久弥新的生命力上。

陆

紫禁城总在给我一些奇异的感觉。比如，紫禁城往往让我忘记了它是建筑，或往往不让我注意到它的建筑性特征。

再次从永定门开始。一个门洞又一个门洞地穿过，一座门又一座门地进入。天有九重，门有九门。数一数，真的是穿过了八个门洞（依据初始的建筑：永定门两个、前门两个、大明门、天安门、端门、午门各一），进入第九道门太和门时，九门九重天处，终于看见了白色高台托起的太和殿，终于看见融入蓝天白云间的天子的宫殿了。

近在眼前，又好像远在天边；可以走进去了，又好像走了出来。

当年的皇帝并不这样想。眼前是他的宫殿，里面有他的位置。他可以轻松地走进去。他的位置是固定了的，其他人的位置也是固定了的。他一定是在中心的位置上，且高高在上，一切尽在他的指掌之间。我即天，天即我；我融入天际，天地之间唯我独尊。臣民只可望但绝对不可及。没有旨意，没有召唤，没有允许，不可上台，不可入内。上来进来亦不可昂首挺胸，必得低头、弯腰、下跪。

皇帝的时代早已结束了。现在任何一个人都可以随意站在皇帝随意站立的地方。我异常清晰地记得一个深秋的傍晚，2003 年 10 月 28 日，数万游人离开紫禁城后，为故宫博物院建院八十年拍摄大型纪录片《故宫》的开机仪式在太和殿前的平台上举行。仪式结束后，所有参加仪式的人们静静地伫立在宽敞的高台上久久不肯离开。喧嚣的北京城中的紫禁城寂静得出奇，仿佛听得见夕阳西下的声音，听得见夕阳迷蒙的橘红色的余晖弥漫涂抹在黄色屋顶红色墙面上的声音。午门、端门、天安门、太庙的背影，人民大会堂、国家博物馆的侧影越来越清晰。广袤的华北平原，泰山、黄河、长江、珠江、东海、南海、青藏高原——万里江山奔来眼底。真有“天地为一朝，万朝为须臾，日月为烔牖，八荒为庭衢；行无辙迹，居无室庐，幕天席地，纵意所如”的感觉啊！着实奇异得很，置身于重重叠叠、灿烂辉煌的世界上最大的皇宫建筑群的核心位置，眼里、心里却什么也没有了，又什么都有了。

太和殿不只是一座建筑，更是一处“座”拥天下的位置。

朱棣下决心把他经营多年的北京定为他的都城。仅有京城是不够的，不显其尊，因为京城的平民百姓可与他共享；他要有皇城，有了皇城也是不够的，不显其独，皇族官宦可与他共享；他要有宫城，皇帝独有、独享的宫城。反过来说，他坐拥宫城是不够的，要有皇城；坐拥皇城也是不够的，要有京城；坐拥京城还是不够的，要有天下，要有上天之天下，天子之天下。他把他的这座宫殿命名为奉天殿。（明嘉靖年间重建更名皇极殿，清顺治年间重修更名太和殿。）

中轴线是最重要的。最重要的建筑都在中轴线上。中轴线上最重要建筑的核心是太和殿。太和殿比中轴更重要。像一个人的心脏一样，四面八方的建筑群落将太和殿团团围定。事实上，是太和殿的位置决定了它周围所有建筑的位置。以太和殿为核心，以中轴线为基准线，整座紫禁城纵横线索网络清晰，大小群落铺排有序。

太和殿是皇帝登极的大殿，只有在这个地方才能确认皇帝的身份，确立皇帝的地位。皇帝是什么？皇帝就是太和殿；太和殿是什么？太和殿就是皇帝。必须把这座宫殿打造成天下的核心，必须把这座宫殿建成“座”拥天下的宫殿。这座宫殿的位置、基础、体量、外部内部空间、结构、材料、色彩等等都必须是“座”拥天下的。

是的，这座宫殿一定要端坐在中轴线的轴心处。它必须是伟大中轴线上的原点。北极星高悬在它的上方。太和殿在地上的位置如同北极星在天上的位置。它指向所有，所有指归于它。

它的面前是世界上最大的建筑群的内部广场。任何建筑都不可挡住它通达万里的视线。超过三万平方米的空旷的广场，足以把任何人的视野引向无限。

它的基础必须是最雄厚、最坚实的。为了它的坐落，二万六千平方米的“土”字形地基台基拔地而起。它在“土”字的“十”字交汇处，在世界上最大的“土”字的中心。“土”字地基深入地下八点五米，高出地面八点一三米。打桩、换土、投石、填砖、夯筑、加筏，十六点六三米厚的坚实基础牢牢地镇住了六百年间任何一次强烈的地震，泰然自若地守护着普天之下莫非王土的不可动摇的地位。

它的装饰是最鲜亮、最壮丽的。一千四百五十三根雕龙雕凤的汉白玉望柱，一千一百四十二个汉白玉螭首（龙头型排水口），一块块汉白玉挡板护栏，一条条汉白玉台阶通道，曲折有序，逐层上升，环绕巨大的“土”字台基，铺排成浩瀚的白色三台。在汉白玉簇拥着的高台上，如从厚土中生长出来似的，七十二根数人合抱的森林般的大木柱和更多的一根又一根数不清的木料撑起高达二十六点九二米的殿宇，构成唯一的面阔十一间，进深五间，面积二千三百七十七平方米的最大木构单体建筑。在如此高大空阔的殿宇中，只在正中设一高台，高台上只有一宝座，那就是凌驾一切之上的孤零零的皇帝的宝座。与孤独的宝座日夜做伴的是遍布殿宇内外无处不有的一万三千四百三十三条金色的龙。

这里是龙的世界。

最大的广场上只有一座最大的房子，最大的房子里只有一座最高的台子，最高的台子上只有一个最高的座位，最高的座位上只有一个人坐着。就是这样，五万六千平方米的巨大空间、重重叠叠的汉白玉三台、森林般的巨木，将深入大地的宫殿推向云天，将皇帝的宝座推向云天，将皇帝推向云天。

所有的都是独一无二的、甚至连色彩也唯我独享独尊。浩瀚的汉白玉闪烁着的白，满目的红色的墙、红色的柱子、红色的门窗闪烁着的红，无边的黄色的屋顶和千千万万条龙闪烁着的黄——大面积的、单纯的、强烈有力的白、红、黄，把本来很遥远的天空的蓝吸收过来，融合进来，浩瀚的天空因此成为天子的宫殿重要的组成部分，天上的色彩因此成为人间宫殿色彩的重要组成部分。白、红、黄、蓝，这些最基本、也是最亮丽、最鲜艳的色彩，使得天子的宫殿无比辉煌壮丽。

“座”拥天下的宫殿，是坐拥天下的结果。宫城皇城的营建耗费了举国上下无数的资源，死伤了无数的老百姓。名贵的木材来自浙江、四川、贵州、湖南、江西、东北，澄浆砖、红涂料来自山东，“金”砖、金箔来自江苏，花岗岩、虎皮石来自河北，汉白玉来自京郊。太和殿前、保和殿后长十六点五七米、厚三点零七米、重约二百五十吨的云龙石雕，就动用两万人拖拉了二十八天才到位。“进山一千，出山五百”，伐木的民工死亡过半。

十万工匠，百万役夫，无数能工巧匠以无尽的劳役死伤建造起来的皇帝的宫殿，实际用处并不很多。最重要的太和殿也就是皇帝即位、皇帝大婚、册立皇后，元旦、冬至、皇帝生日等庆典使用，一年中有数的几次而已。太和殿真正的作用、最大的作用，在于它坐拥天下的地位、标识、符号、象征性意义，在于以程序和仪式强化声势、强化威严、强化集权的意义。

白手起家的汉高祖刘邦是讲究实用的，不大满意萧何大兴土木兴建未央宫。萧何说：“天子以四海为家，非壮丽无以重威。”涉及树立和显示皇权之威，刘邦也就不说什么了。“壮丽”到底怎样“重威”，能起多大作用？好像用处真的不小，唐朝的骆宾王在《帝京篇》中一开头就写道："山河千里国，城阙九重门。不睹皇居壮，安知天子尊。"

坐拥天下对大多数皇帝而言，是坐享天下。江山是别个打出来的，基础是别个奠定的，天下是不少人支撑着的，就像太和殿矗立在雄厚的基础上，靠粗壮的柱子支撑着一样。皇帝倒是坐着的，并不支撑，但只要坐在那个位置上，他就以为是他支撑着，他以外的任何人都变得无足轻重。

但那个广场是重要的，汉白玉是重要的，太和殿是重要的，太和殿檐角的十个脊兽是重要的，黄、红、白、蓝的颜色是重要的，以太和殿、太和殿里的宝座为标志的那个位置更是重要的、真实的。所有的建筑都是为了凸现那个位置。只有这个位置定了，其余才可才好安排、布局、落实。

由于是一处坐拥天下的位置，争天下、抢天下就是争抢这个位置。争到这个位置，就是争到了天下。任何一个人只要能坐到这个位置上就可以坐拥天下，就觉得自己真的拥有天下了，也可以坐享天下了。如此演化的结果是坐与不坐并不重要，谁坐也不重要。谁坐在那里都可以坐拥天下，坐享天下。明清两朝不就有六位不足十岁的皇帝坐在那里了吗？不到十岁的皇帝能做什么？皇帝不也成了符号与象征，成了程序与仪式？说到底，紫禁城不是为皇帝建造的，太和殿也不是为皇帝建造的，是为了可以"座"拥天下的那个位置建造的。

以太和殿为核心，左前方有文华殿建筑群，右前方有武英殿建筑群，左文右武，是太和殿伸出的怀抱天下的手臂：左顾是太和殿的主人们颐养天年的地方，如皇极殿、宁寿宫、养性殿、乐寿堂、颐和轩等；右盼是皇太后、太妃嫔们休憩礼佛诵经的地方，如慈宁宫、慈宁宫花园、寿安宫、英华殿等；正后方是帝后的寝宫，左右各有六宫的粉黛，再后面有他们专享的花园，有皇帝的子孙们读书的地方。太和殿需要时时左顾右盼，并时时回首眷念，顾念着它的过去和未来——这样，以太和殿为核心的整座紫禁城就既直上云霄又四面铺排了；既家国，又天下。

顺着太和殿的方向，沿着中轴线延伸到紫禁城南，左有祭祖的太庙，右有祭天下的社稷坛；再往前，左有祈祷风雨的天地坛，右有扶犁耕种的先农坛……紫禁城北呢，则是可以将紫禁城尽收眼底的万岁山；再往北，还有晨钟暮鼓、声闻四达的钟鼓楼高高耸立。前后呼应，左右对称；远近、大小、高矮、轻重、缓急……统统在中轴线，在太和殿，在紫禁城的统领下一一排定了。没有这条中轴线，这座城市就失去了纲领，所有的建筑都会变得散漫无当；没有中轴线上的太和殿，中轴线就失去了灵魂，所有的建筑不管铺排得多么有序，多么流畅，都不会出现震撼人心的高潮。

是理念意志？还是艺术审美？不管是什么吧——大山有主峰有余脉，大河有主流有支流，大树有主干有枝条——这样的轴线，这样的核心与群落，这样的规划与布局，真的可以说是“受命于天”“天人感应”“天人合一”了。

中国古老文化、古老哲学中表达的对人与自然、人与环境关系的特殊理解，就这样轻松地转化为标榜皇帝地位、皇帝权力、皇帝专制统治的天然、合理的理论依据。

由景山看故宫

由景山俯瞰故宫雪景

夕阳下的雨花阁屋脊金龙

由建福宫眺望景山

故宫午门夜景

故宫三大殿夜景

故宫三大殿

故宫太和殿夜景

故宫太和殿雪景

故宫太和殿内景

故宫太和殿广场

由太和门望太和殿

都

结构·造型

紫禁城里的房子，有一间与三间、五间、七间、九间或更多连在一起的；有不到一人高的与几米、十几米、几十米的；也有在几十平方米小院里的与几万平方米大院里的，虽然基本的组织结构大体上一致，但形态不一样，功能也不一样。二千三百多平方米的太和殿里，只坐着皇帝一个人；而交泰殿下边不到一人高的房子里，要挤进几十个值班的太监。宏伟与矮小，宽广与狭窄，敞亮与昏暗，张扬与遮蔽；以高低起伏，以大小错落，以疏密相间，以钩心斗角，以神秘复杂，将上下等级、亲疏远近、尊贵卑贱井然有序地区分。

壹

从外面看紫禁城，围绕和护卫紫禁城的是碧波荡漾的护城河和严实高耸的城墙。紫禁城最能让人们亲近的，是它宽宽的护城河和它高高的灰色城墙；紫禁城最能拒绝人们的，也是它宽宽的护城河和它高高的灰色城墙。

航空拍摄的照片特别清晰——墨绿色的护城河如注满了水的深深的壕沟，把紫禁城严严实实地圈了起来。每看见这样的图片，我总会想到考古发现的非常非常遥远的时代，先民们聚居地周围那道或天然或人为的壕沟。紫禁城的护城河俗称“筒子河”，“筒子河”的叫法更能唤起我的此种联想和感觉。

从先民的据守高地或壕沟环护的时代开始，到村寨镇堡，到县城州府，到历朝历代的帝王宫阙，无不有高墙深沟的严防死守。一路过来，竟成为固定的模式。尤其是对于帝王的宫阙而言，最初的防御性功能似乎慢慢退缩到可有可无，模式与程式反倒越来越发扬光大。然而，愈是程式性的装扮，愈是格外的认真和缜密。

紫禁城作为明、清两朝的皇宫，确切一些应叫作宫城，已是城中之城的城中之城了。从现留的德胜门、东便门可以看得出北京内城墙、外城墙的雄伟和严实；从皇城遗址处可以看得到北京皇城墙的气派和坚固。尽管如此，还是要为皇宫竖起一道又厚又高的墙——不做到外三层、里三层的认认真真的严密包裹决不罢休。

于是，南北九百六十米，东西七百六十米，高十一点二米，底宽八点六二米，顶宽六点六六米的城墙矗立起来了。城墙上可容四马并驰，成百上千的卫兵可四面奔走。墙体内外包砖，用细砖干摆、磨砖对缝砌法，为的是使城墙整齐光滑、不易攀爬。

于是，环绕城墙，总长三千三百米、宽五十二米、深达六米、三合土夯底、条石砌帮、岸筑矮墙、引来玉泉山水的护城河荡漾碧波了。

在城墙与护城河之间二十米宽的地带，明代沿河筑“红铺”四十座，每座三间房，守卫十余人，昼夜传铃巡视。清代扩建为连檐通脊围房，改摇铃、传铃巡视为传递红色木棒巡视，如现代接力赛般。

四角楼四门楼共八楼耸立于高墙之上，墙上墙下墙里墙外宽近百米的防护带尽在守望监视之下，可谓密不透风了。其实是不大管用的，也从未发挥过保得住一席宝座的真正作用。北京外城的防线一垮，李自成不就大摇大摆地直穿承天门（今天安门）、端门、午门进宫了吗？崇祯帝只得出后门在万岁山下的一棵老树上了结了自己的性命和一个朝代。百余宫女无路可走，只好投身护城河。护城河护得了什么？不过，严密的防护系统虽无大用，对付小打小闹倒也有点儿用处。清嘉庆十八年（1814），天理教小成气候，居然与宫中太监勾结，里应外合攻入紫禁城。此时的护卫系统起了作用，四门紧闭，墙上墙下墙里墙外卫队奔驰呼应，暴乱迅即被镇压。

有作为的皇帝并不特别看重宫城防护带的作用。节俭的康熙、务实的康熙、极富想象力的康熙、浪漫的康熙，把无遮无拦的护城河突然变成一眼望不到边的碧绿的荷塘。十七万平方米的面积，那是怎样的“接天莲叶无穷碧，映日荷花别样红”啊！那定然是京城百姓争睹的一道亮丽风景。从护城河里起出来的一节又一节的肥硕的莲藕，宫廷美食之余尚可外卖创收，京城的百姓则可和皇帝吃一样的美食了，筒子河莲藕因此成一时之名品也未可知。嘉庆年间虽有乱子闹出，也没将莲藕连根拔出，反创出出租经营河段的法子，不知出租河段几许，居然也年收数百两银子入宫。

事实上，紫禁城从来就没有发挥过多少防卫的功能。肇建者原本也没多往这方面想，格外用心的倒是如何营造通天彻地的帝王气象，如何彰显帝王的天下独尊、至高无上，以及权威不容侵扰、礼制不可错乱的帝王文化。

数百年来，紫禁城宽河与高墙的真正作用，也就是把老百姓阻挡在皇宫之外，把一人在上、万人在下的秩序固定下来，把治者与被治者明确地区分、切割开来。不过，帝王的各种防卫法防止不了王朝的衰落。当昔日禁备森严的皇宫成为人民自由出入的博物馆后，其高墙，其宽河，倒是起到了有效保护世界文化遗产的作用。否则，占地百万平方米的故宫如何守护？每年上千万的参观人流如何进出游走、流畅有序呢？这是帝王们绝对想不到的结果。与此同时，紫禁城城与河的防护功能终于完全让位于中国古代建筑的审美功能——这也是帝王们怎么也想不到的。

由高墙环护的紫禁城想到中国的万里长城，由万里长城再回到紫禁城里的重重高墙。

中国的万里长城肯定是世界上最长的墙、最隆重的墙，也是修补保护年代最长的墙。为何把这样的墙叫作长城不大好考，修补动作最大的明代称其为“边墙”倒是较为合适。其实，中国的土地上到处是墙。家有家墙，院有院墙，寨有寨墙，堡有堡墙，城有城墙——假如大都能够修补保护起来的话，中国大地真成了墙的世界了。

现在虽然看不到了，但我们知道，紫禁城就是被一圈又一圈的墙围护起来的。第一圈是皇城墙，红色的，从保护着的东华门与王府井之间的皇城遗址处能看得出来，想得出来。第二圈是北京城的内城墙，灰色的，从东便门城墙遗址处看得出来。第三圈是外城墙，也是灰色的，站在新复建的永定门城楼上可以想得出来。

被一圈一圈的墙围护起来的紫禁城又用一圈一圈的墙把皇帝的宫殿围护起来，如我们现在能看到的这个样。在紫禁城的外边，除了站在景山最高处万春亭能够饱览铺排的辉煌的宫殿屋顶之外，在景山前街，在南北池子，在南北长街，环绕紫禁城一圈，除了北门神武门、东门东华门、西门西华门、南门午门高大的门洞和雄踞城墙上的伟岸的门楼，除了东北、西北、东南、西南城墙四角上四座既豪华又玲珑的角楼，看不到一点儿宫殿的模样，只能看到宽宽的护城河，高高的、灰色的城墙——护城河的岸也是墙，灰白色的石头砌成的墙。

即便从任何一座城门进入紫禁城，还是看不到这个殿那个宫的真面貌。你得穿过一道又一道开在墙上的门，走进一座又一座开在房子中间的门（房子连成了墙）才能看到。紫禁城的宫殿就是这样被一圈又一圈、一层又一层的高墙团团围定的。

紫禁城的墙到底有多长，实在很难测算清楚。木结构的宫殿由木柱、木梁支撑，本可以四面开门亮窗，实际上除正面安置门窗外，其余三面一般都砌起厚厚的墙。房屋的后墙，往往也是分隔区域、院落的墙，如北京的一条条胡同、一座座宅院那样。

单算独立的城墙、宫墙、院墙，其长度也够惊人。最外层的灰色的宫城城墙的长度是准确的，三千四百四十米；将紫禁城的后半部分，也叫后廷部分围成三个区域的红色宫墙的长度也是准确的，四千八百三十五米；比此类宫墙矮，将不同区域分割成大小九十余处院落的，也是红色的宫墙，也可叫作院墙的部分，就不大好严格计量了，大约一万零五百米。三类合起来，近两万米，二十千米长，若沿宫墙疾走一圈，至少也得四个小时。

作为护卫的宫墙，作为分割区域、隔离院落以及起防火作用的皇宫的宫墙，回环往复、连绵不绝长达二十千米的宫墙，无论从哪个方面看，规格都是最高的。

首先是高。护城河环护着的灰色的外墙，高十一点二米，城中的红色宫墙，高的八米，矮的也有六米。朱元璋开启了有名的“高筑墙”时代。由此推测，从明代开始的皇帝的宫墙，其高度大概会超过以往皇帝们的宫墙。其次是坚实。高十一点二米的宫城城墙底宽竟达八点六二米，顶宽六点六六米，足见其敦实程度。根基用石灰、黄土按比例搅拌成混合土夯实，中间再用江米汁加石灰拌成“雪花浆”泼浇三次，墙体内外侧为“横七竖八”十五层特制城砖垒砌，中为夯土，外墙面磨砖对缝。这样的构造，形容为“固若金汤”也不为过。紫禁城内的宫墙更是里外上下全部用石、砖、瓦砌成，表层灰浆涂抹，再刷上红色涂料，高耸陡直，料想无论怎样飞檐走壁的武林高手也只能望墙兴叹。

其实从护卫的角度来看，本用不着如此大兴土石，一旦兵临宫城之下，已为时太晚，纵使“金汤”也无济于事。重重叠叠的高墙壁垒，无非是使皇帝的宫殿威仪有加罢了。所有红色的宫墙上，如宫里所有的宫殿上覆盖黄色的琉璃瓦屋顶、屋脊一样，都砌起了黄色的琉璃瓦墙脊、墙顶，就是这个意思。想想看吧，一面面开阔的红墙上，一道道笔直的、黄色的琉璃瓦脊在太阳的照射下金光闪烁——世界上哪里还有如此高贵、如此奢华之墙？

与墙脊、墙顶的奢华一样，紫禁城墙之多、墙之高、墙之厚，究其实质，是一种凸现皇家威严气势和保障帝王专制意志的独特修饰。

紫禁城内所有墙面的颜色选用那种特别的红也是这个意思。

紫禁城里所有的墙面，包括一座座宫殿的墙面，为什么统统要涂抹成那么一种红色呢？并且，延伸至所有的门窗，为什么也都是那么一种红色？为什么要把整座紫禁城装饰成一片红色的海洋？

红色与黄色固然有温暖的一面；但是，宫墙如血，当把一道道血与火的色彩、暴烈的色彩、刺激的色彩、悲壮的色彩、恐怖的色彩，竖在你的面前、横在你的面前、挡在你的面前的时候，而且是连绵不绝地竖在你的面前、横在你的面前、挡在你的面前的时候，你还有那种温暖的感觉吗？

当然，现在，不管什么时候，走在被重重红色包围的空间里，绝对不会产生恐惧感，因为你身边，你周围，总是熙熙攘攘的人群，即便空无一人，你也知道你正行走在一个巨大的公共文化空间中，早已不是充满权力权术阴险阴暗的“宫斗”之地了；满眼的红色，即使红到发紫，你也只会感到热烈热闹，或者和暖宁静。

但是，你想过没有，在漫长的五百年里，在如此红色笼罩的深宫之中，有多少鲜活的生命委屈枯萎冤死在这里？假如穿越到那样的时空里行走，若不是脚下有灰砖可踩，抬头有黄色的屋顶可望，真不知胆战心惊到什么地步。

是啊，红墙的这边与那边，虽然只有一墙之隔，可是，墙那边的人事，你知道吗？你知道他们在做什么吗？你能知道吗？

虽然只有一墙之隔，能让墙这边与墙那边的人自由往来，自由交流吗？

城里城外、宫内宫外自不必说，都是宫里人，年年、月月、天天住在宫里生活在宫里的人，谁认识谁，谁了解谁，谁知道谁想什么做什么呢？能让你知道吗？

一切都可以躲藏在高高的红墙里，一切都被高高的红墙隐蔽起来了。

也有不少的时候，紫禁城里的一道道红色的宫墙会牵出你别样的思绪，会给你别样的感触。那是当你忽然看到红墙的某个角落被一年又一年的雨水冲刷出苍老苍凉的雨水痕的时候；那是当你看到红墙的某些墙面被一年又一年的冷风翻卷起斑驳的墙皮的时候；那是当太阳月亮让宫殿飞檐的影子，让脊吻脊兽的影子，让老树新枝的影子，让宫殿宫墙的影子，在一面面红色的宫墙上游走的时候。这时，你会感觉到很有质感、动感、美感，可是转念一想，又觉得内里淤积着的是满满的罪过、丑陋、虚伪。

正如护城河河泥成山、山成看城之山一样，紫禁城的河与墙把帝王宫殿的奢华繁复、宏伟壮丽、铺排交错及神秘挡在里面，把单纯朴素、方正肃穆、安稳安静及其诗情画意留给每一位光临者。

对于长久生活在北京、经常有机会经过紫禁城的人来说，对于偶尔走过紫禁城的人来说，我相信他们会永远着迷于紫禁城高高的灰色的城墙，永远着迷于紫禁城宽宽的蓝宝石项链般的护城河，永远着迷于它们之间一棵又一棵的依依垂柳。垂柳当然是后来栽植的。清朝的围房大部分消失了，曾经有过杂乱的居民棚户消失了，垂柳洋洋洒洒地长了起来。绕墙环河的广植垂柳不知是否受了“宫墙柳”诗意的感染，才幻化出河、柳、墙诗情画意的组合。

最让人着迷的是端坐在城墙四角玲珑的角楼。角楼的倒影被护城河水轻轻摇动。

角楼算不上是紫禁城的重要建筑，但它站立的位置特殊，站在紫禁城方方正正、高高长长、厚厚的城墙上的四个拐角处。只要从任何一个方位、方向路过紫禁城，最惹眼的肯定是角楼。

一般城墙上的角楼，主要承担防御守望的职责。紫禁城用不上。一旦兵临城下，角楼不管用，城墙也不管用。角楼主要是让人们看的。让里面的人看着想外面，让外面的人看着更想里面。所以首先要好看，一定要好看。不像紫禁城里的其他建筑一样，相互之间不论什么关系，总有个联络关照，唯独角楼，无依无靠孤零零地站在那里，还要站得好看。不只一面好看，上面下面，四面、六面、八面都要好看，要八面玲珑。所以，在紫禁城里，角楼的审美功能最突出、最重要。

由于位置和空间的限定，角楼不可能以雄伟、宏大、壮观取胜，只能靠玲珑出彩。玲珑和实用关系不大，和复杂、装饰、精致、精巧关系密切。

角楼绝不是紫禁城中体量很大的建筑，但它绝对是紫禁城最复杂、最精巧的建筑。角楼一直有“九梁十八柱，七十二条脊”之称。从护城河一侧望过去，但见红柱红窗之上，层层叠叠的彩绘斗拱和黄色琉璃瓦顶，簇拥起金光闪烁的镏金宝顶。十字形屋脊，重檐三层，多角交错，根本数不清到底有多少个翼角翘起，更数不清檐角脊头有多少个吻兽眺望。故宫的古建专家统计过：三层楼檐共有二十八个翼角，檐角脊头共计二百三十个吻兽！

角楼结构复杂的程度、建造的难度，只能用传说来形容：在为明成祖朱棣建造紫禁城的时候，正当督造的官员和能工巧匠们在高高的城墙拐角处遇到难处一筹莫展的时候，一个提着蝈蝈笼的白胡子老头儿悠闲地溜达过来，这儿看看，那儿看看，看了一会儿，又溜达着走了。一工匠发现老头儿的蝈蝈笼落下了，正要拿起来去追送，忽然愣住了：这不正是我们要建的角楼么？官员和工匠们一下子无比兴奋，严格地照着白胡子老头儿留下的蝈蝈笼样子建造，角楼很快完工了。所有的人一致认为，那白胡子老头儿就是他们的木结构建筑祖师爷鲁班。

早已记不清多少次走过了紫禁城，只记得每次走过时总有精神的安宁与心绪的不平。

阴霾的冬日，铅云压在紫禁城上，城墙上的堞口如齿如锯，身体的某一部分，很深很深的地方，确有被咬痛、刺痛的感觉。雪片在河上、树上、墙上乱飞的时候，反倒觉得温暖起来。

突然发现斑驳的灰墙前的柳条如小鸭、小鹅般的绒黄，太阳也突然变亮了，所有的失望都变作希望。

日出前，日落后，月亮挂在角楼上，城墙上的堞口修长、整齐、清晰，整个紫禁城简直是一座巨大无比的钢琴，清晰的堞口是跳动的琴键，早出晚归的鸟儿像跳跃的音符，扑啦啦地飞进去，飞出来。

朝霞、晚霞簇拥着玲珑的角楼，落入护城河，染黄新柳，染红古墙。河水摇摆垂柳，垂柳摇摆角楼。小夜曲、月光曲、晨曲、交响曲，丝丝缕缕的不绝不断，如衣如带的飘扬荡漾，如岸如墙的雄浑厚重。梦幻的形状，梦幻的色彩，梦幻的声音。

每每驻足护城河边，总会问一个同样的总不能自问自答的问题：紫禁城高高的、灰色的城墙，紫禁城宽宽的、蓝色的护城河，紫禁城依依的、黄色的宫墙柳，紫禁城城墙上雄伟的城门楼和玲珑灵动的角楼，为什么能把紫禁城的围护与守望、拒绝与吸引、阻隔与亲近鸣奏得如此有声有色？

不过，任何思绪与感受也无法取代一面面高大宽阔的灰墙、红墙带给你的时时刻刻的提醒：任何人不得攀爬，不得逾越。更有无形的墙——只有皇帝可以行走的御道两侧，矗立着的无形的高墙，同样在无形无声、无时无刻地提醒你：任何人不得攀爬，不得逾越。

贰

皇帝们都说：天下是我的。可是，我始终不明白：既然天下都是他的，他家的，为什么还要拼命地筑城？筑皇城，筑宫城。宫城里再筑墙，再建院。外三层，里三层，一个宫又一个宫，一个院又一个院，大院套小院地没完没了，弄得各处有钱的人也照办，弄出许多这家大院、那家大院的；倒不如干脆如秦始皇，修个万里长城，围一个天下大院了事。可是，事实上却是围了大院还要不停地围小院。明代修补长城最盛，城池皇宫也修得最堂皇。

紫禁城就是一个天下最大的皇家大院。

天下最大的皇家大院是由天下最小的农家小院演化而来的。在世界建筑文化中极具特色的中国院落构成其实是中国的家族伦理构成。这样的构成从遥远时代小小的茅草屋就开始了。再简单的房屋也会选择背风临水向阳的地方搭建，只要能分出几个隔断来（一般三间一组），一定是中间为堂，长者居左（向阳的房子，阳光先从那边过来）。有能力东西两面、南面，或左右两面、对面也建起房屋，便围成一座小院子。没能力起码也是北面建房，其余三面围墙，还是围成一个院子。长者肯定居北居正。有能力建更多更大的房子，以长者——一家之主为核心，纵向深入，横向扩展，区域、功能的划分便越来越细。大门里边是看家护院的佣人。大门进去有二门，正门旁边有侧门，前后院落之间有后门，有边门。前面的院子待客议事用餐，后面的院子分别居住。一夫可以多妻，于是有正房，有偏房，还可以发展到东院西院、前院后院。妇女儿童不得随意出入，于是最里边有小姐的绣楼，最后边有游乐的花园。儿子多了大了不大方便，就近另立门户，另起院落，如法再建一个院子又一个院子。一座座院子组成一个个村落。家有贫富，房有高矮，院有大小，道理是一样的。自古以来，中国伦理文化为中国的建筑文化铺就了鲜明的底色，中国的伦理观念、伦理规则描画出中国古代建筑以院落文化为特色的清晰轮廓，也创造出中国建筑文化独特的审美形态。院落空间也是伦理空间，建筑文化就是院落文化。院落，家族，家天下。小则农家小院，大则皇家大院。

从外面看，紫禁城这个皇家大院怎么看都是一个严密的整体，密不透风的严密整体。我们甚至能够触摸到这座皇家大院给予我们的独立于世的、非常强烈的整体感。这是环护紫禁城碧波荡漾的护城河与高高耸立的灰色城墙给我们的第一印象与感觉。

当知道紫禁城内有占地十六万平方米以上的木构建筑，有大大小小九千九百九十九间半房间（现在的统计是八千七百余间）的人们，怀着担心或期待突然看见一眼望不到边的奇特景观时将会怎样的心境，进入紫禁城内部时，却发现在紫禁城外部获得的那种强烈的整体感并没能立即减弱。因为他们看到的不是星罗棋布、无边无际的散漫。紫禁城迎接他们的是开阔的广场、整齐的红墙和整齐的红墙间一条条笔直的通道。上万间房屋就是被这样的红墙和通道围合、分割成近百座大小不等的齐整院落。

尽管一座座房子是独立的，一处处院子是独立的，看起来它们各自稳当地守在各自的位置上，但它们分明是整体的紫禁城中的一部分。局部的独立组成了整体的独立。如果那个地方没有了它们，紫禁城严密和谐的整体性就会受到严重的破坏。

当我们惊异并寻找紫禁城如何智慧地处理整体独立与局部独立的关系的时候，我们发现整体的大院与局部的中院、小院之间的关系是既相互独立又相互依存的，但相互独立是绝对服从于相互依存的。相互依存则由分明的主次关系、清晰的主从关系——所谓的伦理关系——决定。

于是，各自的独立，统一于整体的独立之中；内部的独立，统一于外部的独立之中；各自的个性，统一于整体的共性之中。于是，我们在紫禁城中行走，从一座门进入另一座门，从一个院落进入另一个院落，从一组建筑进入另一组建筑，从一个区域进入另一个区域，便有了那种既觉得宏伟又觉得精致、既觉得庄严又觉得生动、既觉得严谨又觉得灵活的特殊感觉。

以伦理为核心的网络结构，以庭院为基本单元的群体组合，形成中国古代建筑不是直指云天的向上发展，而是平面延伸扩展的特色。单体与院落的复制、扩散、延伸、变形，形成单体与整体，局部与全局的统一中的变化，变化中的统一。平铺直续在空间序列上具有无限扩张的可能性，这一可能使得中国的建筑虽然没有耸立挺拔的气势，却有由方正、规则、想象力、意志力、财力、物力等组织而成的整体视觉中的舒展恢宏、雍容大度。清晰的机理、参差的轮廓、鲜明的色彩又突显出开阔浑厚的华美与典雅。紫禁城的伟大、紫禁城的辉煌就是这样产生的。

当我们站在高处，紫禁城这样的画卷尽收眼底时，我们的震惊、我们的感动就是这样产生的。当我们走进紫禁城内部，顺着红墙规定和指引的一条条通道走进走出一座座院落的时候，我们又深深感受到宏伟的紫禁城中单体建筑之间、院落之间、区域之间、群体之间的联系、过渡、转换又是一个极其复杂丰富的体系。一处又一处，一进又一进，一层又一层，庭院深深的精致与婉约就这样被轻松地包裹在宏大的紫禁城里，吸引着我们从伟大与辉煌中寻找细小的隐蔽与神秘。

不论是并联式的重重铺排，还是串联式的层层递进；不论是横向发展，还是纵向深入，伟大的也是丰富的紫禁城总能给我们移步换景的新鲜感受。景观尽在其中，但绝不是一下显示出来，绝不是一眼就看得清楚。如果不是对紫禁城了如指掌，就算是进去过三次五次，随意走在任何一个地方，也很难弄清楚旁边还有什么，里边还有什么，只知道另一边还有房子，还有院子；只知道其间弥漫着许许多多君臣、父子、兄弟、夫妇的故事；只知道从上看，从外看，从旁看的整体一统之中，有撕扯不清的内部的纠结分散，复杂混乱，各自为政；只知道有外之内，内之外，上之下，下之上——这里的一切，家天下中的一切，家国天下中的一切，都在可穷究与不可穷究之间，一如庞大无比的皇家大院小院，足以使所有来去匆匆的过客深深感触到“无奈”二字的确切含义。

然而，帝王们绝不会产生“无奈”之感。因为帝王们掌握着主从分明、条理清晰、繁而不乱、维护稳定的秘诀。这就是紫禁城，包括皇城、都城在内的以中轴为纲，以太和殿、中和殿、保和殿，以乾清宫、交泰殿、坤宁宫为核心的轴对称结构形成和体现的秩序与平衡。

不妨再从都城中轴起点的南大门永定门开始，向北而去，看看中轴节点的两侧：永定门内，东有天坛祭天，西对山川坛祭地；前门两侧，东有崇文门，西对宣武门；大明门、千步廊两侧，东有宗人府、吏部、户部、礼部、兵部、工部、鸿胪寺、钦天监，西对中军、左军、右军、前军、侯军五军督府和太常寺、通政使司、锦衣卫；承天门（天安门）两侧，东有长安左门，西对长安右门；端门两侧，左祖右社，东有祭祖宗的太庙，西对祭天下的社稷坛；午门两侧的东西雁翅楼；内金水桥两侧的左顺门、右顺门（后改为会极门、归极门；协和门、熙和门）；皇极门（太和门）两侧，左顺门、右顺门外，东有文华殿、东华门，西对武英殿、西华门；皇极殿（太和殿）广场两侧，东有文昭阁（体仁阁），西对武成阁（弘义阁）；乾清门两侧，东有奉先殿、仁寿宫，西对养心殿、慈宁宫；乾清宫、坤宁宫外，东为东六宫，西为西六宫；乾清宫大院通往东西六宫的东西两门，东为日精门，西为月华门；御花园钦安殿两侧，东有东五所，西对西五所……就这样一直两相对应地排列到紫禁城北门玄武门（神武门），排列到玄武门外的制高点万岁山。站在万岁山上看看吧，天子的宫殿就这样天南地北、左文右武、前拥后靠、秩序井然地天地一统、天人一统、江山一统、家国一统了。

以紫禁城为中心的皇家建筑，以皇家建筑核心部分如此严格工整的对称，以几乎所有皇家建筑大体工整的对称格局，使中国的对称伦理观、对称美学观在建筑形态上、在建筑空间中应用和发挥到了极致。梳理紫禁城、皇城的布局结构体系，不由地就想到了天地、上下、前后、左右、东西、南北、阴阳、春秋、冬夏这些习以为常的对称的概念；想到了太阳月亮、白天黑夜、男人女人、狮虎牛马猪狗、树干树枝树叶这些互为对称和自我对称的存在……哪一个、哪一处不是轴线对称？追根寻源，又回到了对称平衡的自然属性，又归入了天人合一的生存哲学。中国的帝王们就是这样将古老的文化哲学运用于营建天子的宫殿，运用于用建筑形体将帝王体制、权力等级、高低贵贱，异常鲜明地区别划分、造型塑形，达到强化、固化、不可移动化的目的，亦即以建筑之形态、礼制之实质，规定、强制、约束、控制所有人，包括皇帝，从而自然流畅地实现了传统文化、建筑理念、政治需求、审美效果的互动与置换。

紫禁城建筑所产生的效果的确非同一般。有了轴线，有了核心，才有对称；有了对称，才更凸显出轴线与核心至上至尊的位置。有了对称才有方方正正、平平稳稳。不论从外看，还是从上看，从内看，紫禁城是极为方正的。方正的城墙、宫墙、院墙，方正的道路、方正的院落、方正的房屋。个体的方正、群落的方正，集合出整体的方正。有方正才显示出规矩，才显示出秩序，才有平衡，才有看上去形式上的四平八稳、不偏不倚、均衡公允、雍容大度。

更主要的，有了轴心对称，便有了主从感、依存感、排序感、方位方向感，严整严正肃穆感、奉迎恭敬回避退让感。但这一切丝毫不影响视觉效果，反而使得视觉效果好得不得了。无论大小，无论高矮，无论宽窄，无论扩展铺排到多大的范围，因为有中轴引领，有核心定位，有对称、有方正、有均衡、有秩序，看见的所有建筑，便总是井井有条、整整齐齐、安安稳稳、平平静静，即便内里有天大的事滋生着，看上去也好像无事一样。

叁

每年进出紫禁城城门的人数至少在千万以上。每当我融入游客汇成的人流中，如水流中的一滴水一样，从城外流入城内——不管多少次，每一次总有第一次进入紫禁城的那种感觉——无论人多人少，根本感觉不到身边有多少人，只觉门墙之高阔、门楼之高耸、门洞之高深。

我也曾多次站在午门城楼楼台上往下看，密密麻麻、五颜六色的人流，不见首不见尾；不过无论怎样流动，也就如大地上的一条河而已。紫禁城的大门到底有多大的吞吐量，实在很难说清楚。

绕紫禁城一遭，灰色、厚实的城墙把紫禁城圈围得严严实实，虽然每面墙上只开一门，但就这四座门楼，再加城墙四角上四座角楼、八座巍峨的城楼、十四个高深的门洞，整座紫禁城就被张扬得威仪无比、神秘无比。

有城就有门，有墙就有门，有宫有殿有院有屋就有门，紫禁城里重重墙重重院，上百座院落，近万间房屋，门外有门，门里有门，重重门层层门，到底有多少门也很难说清楚。

门的形式也多种多样。有城堡门，有殿宇门，有八字照壁门，有牌坊门，有影壁门，有垂花门，有肖形门；有独立的门，有与房相连与墙相连的门，有长在墙上的门；有前门、后门、中门、左门、右门，还有中左门、中右门，后左门、后右门；有大门、二门，数下去还有三门、四门，到底有多少种门也是很难说清楚。不用说给这些门起名字，就是认准这些名字，弄清其中的意思，也够要学问的，也够费心思的。

最高大、最威严的自然是前后对称、左右对称地开在紫禁城城墙上的紫禁四门——南门午门、北门神武门、东门东华门、西门西华门。以午门为最。皇帝坐北向南，天子面南而王。南门为紫禁城正门，正南在二人十四方位中属午位，故名午门。午门通高三十五点六米，比紫禁城中最重要的太和殿还高一点儿，足见其皇宫第一门、天下第一门的地位。

十三米高的红色城台三面围合，城台上五楼耸峙，庑廊通贯。正楼重檐庑殿顶，四坡五脊；面阔九间，六十点零五米；进深五间，二十五米；前后出廊，建筑面积一千七百七十三点三平方米。正楼两侧及两翼城台南端各有一座重檐四角攒尖阙楼，共四座，与正楼合称五凤楼。五楼与连接两翼阙楼的各十三间庑廊浑然一体、巍然错落、连贯舒展、欲升欲飞，故又称雁翅楼。

皇帝祭祀社稷坛、天坛、先农坛出午门时，门楼上鸣钟；祭祀太庙出午门时，门楼上击鼓；皇帝登临太和殿，午门楼上则钟鼓齐鸣。当此时刻，站在楼下门前高墙崇楼围合起来的近一万平方米的凹形广场中，仰望城台楼宇，左右连阙，耳听鼓声钟声，面对的仿佛不是天子的宫殿，而是天下那些著名的城池关隘，万里长城上的关门关楼。铁马雄关、高天长风、壮怀激烈之感倏然生出。

皇帝们或许也是这样想的吧。午门因此成为历朝历代的献俘处。明万历帝四次亲御午门城楼受献俘礼，清乾隆帝四次亲御午门城楼受献俘礼，彼时彼刻，定然一派威风凛凛、威仪天下的气势。

皇帝们有时也会想到在可以产生大影响的地方表现一番与民同乐。午门建成后，明成祖朱棣就宣布每年正月灯节，文武官员和京城百姓可以在午门前观赏灯火。于是，午门楼上张灯结彩，朱棣赐宴文武高官。午门外千百盏彩灯堆叠成山，多达十三层，形似鳌，叫作鳌山灯。百姓们燃放焰火，观灯三天，不料观众太多，拥挤不堪，挤倒鳌山，引发火灾，死伤多人，这活动刚刚开头就不再举办了。

皇帝们也常常把午门作为处罚不听号令者之地。献俘对外，处罚对内，对外对内不同，显示皇权威严不可侵犯则是一样的。明永乐十九年（1421），宫城建成不到一年，奉天、华盖、谨身三大殿遭雷击烧毁，一些对迁都不满的大臣认为是上天示警，要求还都南京。拥护迁都的大臣与要求还都的大臣对峙攻讦，争论得不可开交，恼怒之下的朱棣竟使出了罚双方在午门外跪着辩论的损招。正德十四年（1519），那位“游龙戏凤”的明武宗朱厚照，因众多官员联名上疏阻其出游猎艳，恼羞成怒，竟罚一百四十六位大臣白天跪午门，入夜锁牢狱，五天后又在午门外“廷杖”，当场杖毙十一人。

与此类行径形成鲜明对照的是康熙帝。康熙七年（1668），年仅十五岁的小皇帝为解决明末以来的中西立法之争，让主张吸收西法的传教士南怀仁与反对变更传统历法的杨光先、吴明煊先后在午门外广场和观象台，当着王公大臣的面，各自计算、验证天象，结果，“南怀仁逐款符合，吴明煊逐款截错”，康熙帝遂任命南怀仁为钦天监监副并下令采用其中西合璧的新历。后人完全有理由把展现于午门前的这种“公开”“透明”“让事实说话”的做法，评价为康熙帝给紫禁城带来的科学曙光。

真正改变午门历史的是午门上的国立历史博物馆。现在位于天安门广场东侧的国家博物馆，最早出现在世人面前是在午门城楼上。

1912 年，中华民国建立，蔡元培出任教育总长。教育部规定社会教育司具体管理博物馆、美术馆等，责成该司筹建博物馆，并委派科长周树人（鲁迅）堪选馆址。1912 年 6 月，国务会议决定改国子监为历史博物馆，教育部设立国立历史博物馆筹备处。1917 年，因国子监地处偏僻，屋舍狭隘，教育部提议将故宫午门楼作为京师图书馆，端门楼作为历史博物馆。后因经费不足，教育部停止京师图书馆迁移，将端门、午门一带定为国立历史博物馆筹备处新址，单独迁入。1918 年 7 月，教育部令筹备处“先将旧时国子监内所设筹备处陈列物品暨敬一亭所藏历朝红本文件移置午门楼上，赶速清理，分别部居，妥为陈设，庶便观览”。筹备处迁入午门后，便将午门城楼及两翼亭楼辟为陈列室，午门城台下东西庑各三间作为办公室，东西朝房作为贮藏室，端门城楼贮藏重大器物总计馆舍一百五十余间，文物五万七千三百七十五件。

1920 年 11 月，国立历史博物馆正式成立。查鲁迅日记，1920 年鲁迅多次“往午门”，仅在 4 月下半月就去了八次。

国立历史博物馆筹备处迁入午门后，组织人员开展各项工作，主要进行考古发掘、调查保管古物、考订研究、摹拓摄影、编辑出版等。经过多年努力，至 1924 年，藏品已达二十余万件。

1925 年 10 月 10 日，紫禁城北门神武门挂出故宫博物院的牌子。一年之后，1926 年 10 月 10 日，于紫禁城南门午门，国立历史博物馆正式开馆。

这一天，在午门城楼上开放十个陈列室。正楼四个，东西长庑（亦称燕翅楼）各三个。十个陈列室——“一为售品存储；二为金玉；三为刻石；四为教育博品；五为明清档案、国子监旧存文物、明器、模型；六为针灸铜人、杂器及寄陈文物；七为兵、刑器；八为发掘文物；九为模型图标；十为国际纪念品。”

据档案中的“本馆开馆期间每日参观人数比较表（民国十五年十月十日至

十一月七日）”记录，开馆四周，总人数达十八万五千七百一十四人。10月10日第一天达四万五千零二十人。如果不是看见当时的统计档案，真不敢相信，开馆第一天的午门城楼竟然涌上这么多参观者！一年前同一天，故宫博物院（紫禁城后半部分）开院那天，只有拥挤不堪的记载，没见过具体统计数字。紫禁城一前一后两个博物馆开馆日，到底哪个观众多，只能是个永久之谜了。不过，可以断定的是，那时的“故宫热”丝毫不在今人之下！

最雍容、最从容的是太和门、乾清门。端坐在汉白玉须弥座上，与汉白玉金水桥形成优雅组合的太和门，显得格外灵动圣洁。同样端坐在汉白玉须弥座上，向两侧伸出“八”字形琉璃影壁的乾清门，则显得格外安稳祥和。太和门作为紫禁城前半部分主体的大门，即外朝三大殿的正南门，是紫禁城中规格最高的宫门。乾清门是紫禁城后半部内廷的正门，是清代极为重要的政务场所。走进太和门、乾清门总觉得不是进了门，而是登了堂，入了室。因为这两座极为重要的门是殿堂式的。能开能合的门在殿堂的最后边，门的前面是开阔敞亮的可以充分利用的厅堂。事实上亦如此，这两处正是明清两代分别“御门听政”之处。门即殿堂，当门听政、议政、行政，有“门”没“门”皆决于门。

明朝早期的皇帝们还是很勤政的，日日早朝。每日天蒙蒙亮，文武百官就得匆匆赶到，风雨霜雪，概莫能外。想来也是极辛苦的差事。维修太和门的时候，我发现门厅东南角大红柱旁的地面上，原本极结实的“金砖”，竟有显然是被双脚磨出来的凹痕。想来站在这个位置的大臣，不大被皇帝看得清楚，也不大为别人关注，有机会搓动冻痛的双脚；也有可能是侍卫值守的位置，站立既久，又不为他人注目，双脚的搓动便可以更频繁些。

清朝的第一个皇帝在太和门即位后，御门听政改到乾清门。清光绪十四年

（1888）十二月十五日深夜，太和门失火被烧毁，这时距光绪帝大婚婚期仅一个多月，而太和门又是皇后凤舆入宫必经之处，重建一座面阔九间、进深四间的宏伟宫门已无可能。不祥之兆，朝野震惊。皇帝的大婚吉期是万万不可更改的。情急之下，在原址按太和门形制搭建了一座彩棚应急，居然搭出了“虽久执事内廷者，不能辨其真伪”的效果。这么重要的场所，这么重大的事，竟能做到如此的以假乱真，真算得上一桩天大的奇事。

紫禁城里的门的确太多、太丰富了，紫禁城里的千门万户有太多的历史，太多的故事，太多的规矩，是永远说不完、说不清的。

交泰殿、坤宁宫、东西六宫一带，是皇帝与皇后、妃嫔出入的地方，也是寄托皇家龙脉不断、龙子龙孙繁茂的希望之地，所以这些地方的门就有了百子门、千婴门、螽斯门、麟趾门。进出东西六宫的皇后和嫔妃们，进门出门，低头抬头，随时随地被提醒要完成的任务。百子已够多，千婴更甚，螽斯就数不清了。成天眼瞅着如此巨大的生育指标，皇帝与皇后嫔妃们的压力委实不小。

明正德十六年（1521），明武宗去世，因武宗无子，由远在安陆（今湖北钟祥）封地的兴献王的儿子朱厚熜进京继位。朝廷议定了继位皇帝的进宫路线：经皇城东门东安门入东华门进紫禁城，但年仅十五岁的朱厚熜断然拒绝；僵持之后，最终还是由皇城南大门大明门进入，经承天门、端门、午门、奉天门，到奉天殿登极，以示名正言顺。就是这位嘉靖帝，三年之后，为了父母的名分之事，与大臣们发生了似乎不可调和的“礼议”之争。这年的七月，竟有九卿、翰林、给事中、御史及吏部、户部、礼部、兵部、刑部、工部等二百余名文武官员跪伏于左顺门（清名协和门）向嘉靖帝抗议请愿示威，由跪伏到数人撼门大哭，到数百人伏哭不止，哭声响彻紫禁城。尽管伏谏官员如此之多，伏跪伏哭长达七八个小时，但跪着的毕竟熬不过坐着的，爬着的抗不过站着的，嘉靖帝当即命锦衣卫将带头者捉拿下狱，随后分别惩治所有参与者，其中十七人被活活杖死。且不论发生在左顺门这件震动朝野的大事的来龙去脉、是非曲直，也不说这件事到头来还是进一步强化了皇帝的集权，现在每每走过太和门广场金水桥东面的大红门，立刻就想到数百朝廷命官在此处伏地长跪大哭的情境，顿时令人神往不已。

清嘉庆十八年（1813），天理教与宫中太监勾结攻入紫禁城，从西华门顺利进入五六十人，一进来则立即关闭西华门，直冲养心殿，与护卫军在养心殿旁的隆宗门发生激战，至今仍可看得见射入隆宗门檐下的早已生锈的箭镞。

辛亥革命后仍然住在后宫的末代皇帝溥仪，为了能骑着进口的英国三枪牌自行车乱窜，居然锯掉了好几处大门小门的门槛，至今仍可见锯痕历历。

其实，门是什么，本就是一个说不清的问题。是通路还是阻隔？是为了关还是为了开？为了拒绝还是为了迎接？为了守卫还是为了交流？为什么进去？为什么出来？怎样进去？怎样出来？

参加殿试的贡士们一起从午门左右掖门进宫，出来时只有一甲状元、榜眼、探花三人有资格走一回皇帝专用的午门中间的门洞。即位的帝王从前门午门进宫，亡国的崇祯和末代皇帝溥仪从后门神武门出走。曾经权倾朝野的和绅二十大罪中第三条为“肩舆直入神武门”。如今每年上千万、每天三五万观众进出紫禁城，可谓车水马龙、门庭若市，但很少有人想到当年《大明律》的规定：擅入皇城者，杖一百，充军边远。向宫城投石、射箭或持利刃入宫门者，处极刑。明清的紫禁城一如其名，门禁森严。门籍登记，腰牌查示，合符验证。夜间出入宫门，皇帝亲信直管，次日报告皇帝。门禁即便如此森严，也免不了出些不大不小的乱子。清嘉庆十五年（1810），一位叫作蒋廷柱的小官从午门混入，竟在协和门放起鞭炮来，噼噼啪啪的炮声惊乱了沉寂的宫廷。

在现在的紫禁城里，唯有当黄昏日暮，游客散尽，管理人员巡查、断电、关门、上锁，沉重又清晰的关门、锁门声起落于千门万户的时刻，才仿佛真切地听到和感受到来自那个年代的声音。那是一种能把人拖入历史深处的、令人心悸的声音。

肆

像鸟儿那样在高空中飞来飞去地看紫禁城肯定是最好的视角了，可是，若不在直升机或热气球上，便得不到那样的视角。退而求其次，还是站在景山上吧，或者站在紫禁城内相对高一些的地方也可以。不管在哪个地方，相信给你最大视觉冲击的，除了大片黄色的大屋顶，还是大片黄色的大屋顶。

看着紫禁城连绵铺排的黄色的大屋顶，看着一大片又一大片屋顶上流畅清晰的一条条黄色的垄脊垄沟，忽然想到一个游牧民和一个农耕民的故事：春天，牧民看见农民把种子下到垄沟里，不久，垄沟里长出了青青的小苗；秋天，牧民惊讶地发现，成熟了的庄稼都跑到了垄脊上。于是，游牧民对农耕民有如此的“法力”佩服得不得了。

每想到这个故事，总觉得中国的大屋顶，由一条条瓦脊、瓦沟连绵起来的中国的大屋顶，大概与中国农民的耕种很有些关系吧。在建造紫禁城的那些日子里，泥瓦匠们在中国最大、最集中、最铺排的屋顶上敷泥铺瓦，不正像农民们在春天的黄土地上起垄播种吗？这样的屋顶不正是他们在自己的土地上以自己的勤劳智慧创造出来的吗？

事实上，可以让人们在其瓦垄间自在行走的中国的大屋顶，正如它的基本结构模式是“人”字形一样，和人的关系最为密切。所以，它应当是充满着温情，充满着美好的愿望和浪漫的想象的。

紫禁城的大屋顶是这样的；可是，它又不是这样的。

先民们在穴居时代、居住地窝子的时代、居住窝棚的时代，他们被地母拥抱着的时候，在地面以上建造起来的遮风避雨的部分就是“人”字形的。还有离开地面的“干阑”式建筑，再后来有连接地面又超越地面的高台式建筑，这些建筑的屋顶也多是“人”字形的。大地如母亲托起婴儿般一步步把人托起来，人把屋顶一点点抬起来。屋顶脱离地面渐升渐高的过程是建筑发展的过程，也是人的居住环境、生存方式进化的过程，而屋顶的“人”字形则一直延续下来。

发展到紫禁城这样的大屋顶，“人”字形状更加明显了。组成“人”形的弧线、曲线让沉重巨大的屋顶给了人们美妙轻盈灵巧的感觉。有人这样看：弯弯的大屋顶好看极了，简直是一顶“瑰丽的冠冕”。排列整齐的、数不清的、长长的瓦垄从高高的正脊两侧瀑布般倾泻，四个檐角突然向上反翘，庄重的大屋顶一下子变得生动亲切起来，沉重的大屋顶一下子变得轻巧起来，飘扬起来，飞舞起来。《考工记》里是这样记载的：“上尊宇卑，则吐水急而溜远。”高顶处陡峭，檐沿处和缓，雨水落下便可冲得更急更远，有利于保护房屋的木结构。翘起来的檐还可以让更多的光洒进来，加长日照时间，屋子里更亮堂。

讲究实用的大屋顶虽然不是艺术品，可是，让人看起来却艺术得不得了。就说太和殿吧。你试试从太和殿一侧看过去，高高的大吻如领头的大鸟，与两边叉脊上的脊兽组成人字形“雁阵”，那个大吻只要一振翅，太和殿就飞起来了，太和殿就带着紫禁城飞起来了，紫禁城就带着北京城飞起来了。《诗经》时代早就想象过了：“做庙翼翼”，“如鸟斯革”，“如翚斯飞”。

紫禁城中所有的大屋顶不只侧面是“人”形，檐角也是“人”形，是正在飞翔的“人”。不论从正面还是从侧面看，一队队脊兽带领着一座座殿堂，一派欲升欲飞的气势。一层一“人”，双层双“人”，多层多“人”，编队飞翔。正脊两侧对应的长长的瓦垄组成的也是“人”，整齐的瓦垄排列，就是整齐的“人”的排列。数不清的“人”的连接，就是数不清的“人”手牵手的连接，连接成一个又一个大大的屋顶。

沉重的大屋顶飘然欲飞，何尝不是所有沉重的人们的沉重愿望和浪漫想象呢？想飞，想脱离，离不开，反成压抑。屋顶是人的创造，本愿是用来遮风挡雨，防寒避暑，是护佑人的，结果是一切都被大屋顶严严实实地遮盖起来，所有的事情都可以在大屋顶的遮盖下堂而皇之地进行。站在高处望过去，如此巨大无比的紫禁城被连绵铺排的黄色的大屋顶覆盖得严严实实。谁真正知道大屋顶下的生与死、苦与乐、荣与辱、治与乱、繁华与衰败、喧嚣与冷落？同样的“人”形结构，一定要用大小、宽窄、高矮分出鲜明的等级；大片大片伸展的大屋顶本可以把一个又一个自成格局、相互隔膜的院落连接起来，然而，屋顶间最接近的檐角之处却是“勾心斗角”，连灵动的一个个一队队脊兽的相守相望也变成了怒目相视；翘起来的飞檐本想让灿烂的阳光多进去一些，可照见的却不是阳光下的“光明正大”；排列在飞檐最前面的图章篆刻般的瓦当滴水、飞檐下隆重的斗拱、绚丽的彩色画廊，反将大屋顶衬托得更加寂寞。哪里的“如鸟斯革”“如翚斯飞”？如翚的翅膀如此沉重，对鸟儿的只能羡慕的羡慕是痛苦的，互相的鼓动实则为相互的牵制是痛苦的，欲出离大地而不能，欲升飞而不能，又不肯罢休的样子更是痛苦的。

对于紫禁城来说，“人”形大屋顶，“如翚斯飞”的大屋顶，如瑰丽冠冕的大屋顶，应当充满温情、充满人性、充满想象的大屋顶，其实是沉重的、寂寞的、孤独的大屋顶。紫禁城里最大的太和殿的“人”形屋顶上，覆盖了各种琉璃脊瓦十一万零七百四十八件，紫禁城中近万间屋顶上，覆盖着的琉璃瓦总该有千万件吧？这千千万万的琉璃瓦铺排出了集体的沉重、集体的寂寞与集体的孤独。但我还是愿意把紫禁城的大屋顶看作“瑰丽的冠冕”，看作“人”的飞翔，愿意看见太和、中和、保和三大殿辉煌的大屋顶与蓝天白云一起，在天地间祈望“人”与自然的和谐，“人”与“人”的和谐，每个“人”身心的和谐。

如果紫禁城的大屋顶确如垄沟垄脊流畅铺排的黄土地那样，那么，屋脊檐头的无数吻兽就像是落跳在田埂地头的大鸟小鸟。

站在太和殿广场抬头仰望，高居于层层叠叠的汉白玉三台之上的太和殿确有高入云天之势。而最先触摸云天的是那条长长的、直直的、高高的太和殿正脊。比正脊还要先触摸云天的是正脊两端昂首云天的“吞脊兽”——大多数人更愿意把它们叫作“大吻”。

站在太和殿广场抬头仰望，任凭你怎么想，也想象不到那大吻到底有多大。自从康熙三十六年（1697）重新建成太和殿，将这两个大吻安置在这个位置上以来，它们就纹丝不动地在这个位置上值守了三百多年，没人惊扰过它们，连靠近也不可能。直到三百一十年后大修太和殿，才把它们从与天相接的地方请到地面上来，我们才有可能近距离地看清楚这个由十三块琉璃构件组成，高达三点四米、重达四点三吨的庞然大物。三点四米，两个人那么高！想想吧，假如有人爬上太和殿屋脊，爬到它的旁边，我们从太和殿广场抬头望上去，看到的将是怎样的奇异景象！

据说大吻构件烧制好后，康熙帝特派重臣到窑厂恭迎，如迎接皇帝一般，如迎接他自己一般。这两个大吻的地位确实太重要了。它们处于天下最核心、最重要、顶级的建筑的制高点，处于至尊至荣的天子的宫殿的最高处，它们绝非一般的建筑构件。关于大吻的说法不止一种。有说由鸱尾演变而来，言海中有鱼，虬尾似鸱，激浪即降雨。有说为“龙生九子”之一，好登高瞭望，能降雨防火，表面饰以龙纹，亦称龙吻。据说与其他走兽一起立在檐角的龙首也是九子中的一个。在康熙帝心里，实实在在是祈望能降雨防火的。他知道，这金銮宝殿明代就被烧毁过三次，到他手里再被烧毁，为此，他很自责了一番；为重修，着实费了他太多的物力、财力、心力和时日。他被火烧怕了。

老百姓的说法则简单明了——统统将它叫作“兽头”。兽头一说，把所有的说法、做法都包含在里边了。而给皇帝盖房子的更关心这些兽头的实用价值，它们位于屋顶坡面、飞檐的连接处，起着固定、排水的重要作用。不过，工匠们的聪明之处在于即使实用，也一定要做得既实用又好看——普通的民房都这样，何况皇帝的宫殿呢。

实用与好看的结合使脊兽们成为中国传统建筑中不可缺少的最显眼、最鲜活的构件，自然也成为紫禁城中所有屋宇上不可缺少的最显眼、最鲜活的装置。虽说实用好看，但脊兽安置的数量、大小并不仅仅由此而定，皇帝的宫殿一定要纳入等级规制之中。太和殿的大吻肯定是最大的。檐角兽的数量按房屋的等级规制，一般为一至九个，唯独太和殿为十个，加上最前面的仙人骑凤和断后的龙首，一共是十二个——皇帝登极的地方，确认皇帝是皇帝的地方，屋顶的脊兽是最多的，更是唯一的。

想想吧。紫禁城里近百组建筑群落，近千座单体建筑，近万间房屋，每个屋顶上都有大小多少不等的脊兽，如太和殿上共有五十个，城墙四角的每个角楼上有二百三十个……整个紫禁城脊兽到底有多少，谁也没数过，上万个总是有的吧。皇宫里的屋顶成了脊兽的世界。

成千上万的脊兽虽然有些雷同，但丝毫不影响它们组成壮观的阵势。或许因为雷同才更加壮观。站在景山上，站在午门、神武门城楼上，站在四围的城墙上，首先跳进视野的就是无处不在的脊兽；它们穿行在一条又一条宽宽窄窄的通道间，一座又一座大大小小的院落里，随时可见飞檐翘角上排列守望着的脊兽。连皇帝也把它们当作护佑自己、护佑自己宫殿的神物，它们看上去似乎的确很有些神灵之气。是这样的，成千上万只宫殿的“兽头”，确实使庄严凝重的紫禁城神气活现、灵气活现起来。

而这些使庄严的宫殿灵气活现、无处不在的“兽头”，更给了所有注意到这些脊兽的人们以特别的感觉。

最让人惊讶的是夜幕降临，当所有的物体朦胧和隐藏于黑暗里的时候，却是它们最突出、最神气的时候。任何一点点光都可以从它们的缝隙中漏过去、穿过去。只需要一点点天光就能剪出它们清晰的影子。朦胧的月光更能把它们带入梦幻之境。薄云与月亮慢慢游走，在宫殿之间的夹缝中游走，在大吻的后面、在一层层、一重重的飞檐翘角的后面、在神气地站在飞檐翘角上的走兽们的后面游走。很容易找到一个合适的角度看过去，便看见了“天狗吃月亮”的奇异情景。成千上万的脊兽们其实并不需要月亮的陪伴，月光的修饰。月亮落下去了，紫禁城睡熟了，所有中规中矩的都沉默了，隐藏起来了，消失了本来的面目，唯独它们醒着，睁着明亮的眼睛，站在各自的位置上，在暗无天日下显示着自己的身影，如守夜的猫头鹰一样，随时准备唤醒沉寂的宫殿。

愈暗愈显的成千上万只脊兽们又是愈动愈静的。当萧瑟的风刮遍紫禁城的每一个角落，凛冽的风撞击在高墙上然后从幽深的夹道间呼啸而过，枯叶枯草在屋瓦间院落里随风零落的时候；当纷纷扬扬的大雪搅乱了紫禁城，大片大片的雪花在大片大片的屋顶上盘旋，然后大雪严严实实地覆盖了紫禁城的时候；当紫禁城突遭电闪雷鸣袭击、疾风暴雨冲刷，或在连日不开的霏霏阴雨中不停地哭泣的时候，它们却更加精神抖擞，一个个挺胸昂首，目光炯炯，列队齐整，不退不避，镇定自若，仿佛那风、那雪、那雨是从他们那儿发出去，受它们的指挥，照它们的意愿到处奔窜似的。

愈动愈静的成千上万的脊兽们又是愈静愈动的。紫禁城无比巨大、无比恢宏，也无比沉重、无比沉默，甚至无比死寂。想想吧，假如没有成千上万的脊兽活跃在紫禁城的上空，那就真的是这样了。一个个脊兽看到了也看清了堂皇的宫殿里发生过的一切，它们无法控制自己不向长天大地、日月星辰不停地诉说。一个个脊兽从沉重沉默甚至死寂中站起来。它们眺望，它们寻找。它们要呼叫，要跳跃，要奔走，要起飞。一个个跃跃欲飞的样子。不论从正面还是从侧面看，一队队脊兽带领着一座座殿堂，一派欲升欲飞的气势。

看来，被皇帝们奉为神物的通天接地的大吻，那些和大吻一样的定居在屋顶上的数不清的脊兽们，早已被使用着，也早已被欣赏着了。到底是谁造就了它们？依我看来，最早的创造灵感来自山野田间的村舍。远远的山岩上蹲着的野兽、冬日的山坡上散漫的牛羊、落尽叶子的树枝上的鸟、刚刚苏醒过来的黄土地上的农人，落在房顶上的鸟儿，趴在屋檐上的猫儿——这些几乎天天见得着的景象，慢慢地便凝固在一个又一个屋顶上了。也许花样太多，难用一个确切的名称，便一律叫它们“兽头”了。再后来，这些兽头便凝固在戏台的屋顶上、祠堂的屋顶上、庙宇的屋顶上、宫殿的屋顶上。一旦定位于殿堂之上，规制也就跟着来了。民间的生动变调为官府皇家的威势，有些兽头只有皇帝的宫殿才准许使用。即便是皇宫，宫殿的等级大小不同，兽头的大小、数量、装置方式也各不相同。本来来自自然的形象，到了帝王那里，就加了些天道人道的说法。皇帝是天子，皇帝的宫殿是天子的宫殿，天子的宫殿上的兽头叫大吻，皇帝迎回来的大吻坐落在最高级别的太和殿上，是天下最大的吻，最大、最尊贵、最威严的兽头，上承天，下通地，是天地与皇帝天人合一的天地之“吻”。

不过，当这些帝王的说法渐渐褪色之后，在后来的人们看来，在并不关心和追问这些兽头与皇帝的关系的人们看来，紫禁城宫殿上面成千上万的兽头，不管怎么看，的确很美。

伍

紫禁城本身就是一座巨大无比的中国式雕塑，一座巨大无比的中国式装置艺术。从上看是，从外看是，从里看是；正看侧看横看也是；朝晖夕映看是，雨天雪天看也都是。

紫禁城里，与伟大的建筑连在一起的，或独立于建筑的某些装置装饰，在我看来，亦可统统归于雕塑艺术。

营建紫禁城的时候，一直到后来的数百年里，中国并无雕塑的说法；但雕塑存在，雕塑艺术存在。没有雕塑的说法，营建紫禁城的时候，营建者当然不会有雕塑的概念，不会把皇宫的建筑与雕塑拉上关系，如欧洲的许多宫廷建筑那样。可是，紫禁城的建筑、紫禁城的装置装饰，的确可以当作雕塑来看，而且是极有特色的雕塑。

雕塑不论大小，有一个非常重要的因素不能忽视，即除了雕塑自身之外，它们相互之间的关系以及它们和环境的关系。甚至可以这样说，雕塑其实是相互关系的艺术、环境的艺术，特别是称得上大器而大气的那些雕塑。

由外往里看吧。从现在还能看到的再远一些的地方看起。

天安门前一对高高的琢狮雕龙的汉白玉华表是不是？

天安门城楼与华表之间一字排开的一溜拱形汉白玉金水桥是不是？

巨大的汉白玉石块、青石块铺就的笔直的御道，被近六百年的时光、被无数双脚打磨得滑溜溜的直达天子的宫殿的御道，同时也是皇城中轴京城中轴的御道是不是？

宽阔的、碧波荡漾的护城河与长长的、高高的、被历朝历代的风风雨雨剥蚀得斑斑驳驳的城墙，以及生长在它们之间的嫩黄深绿的宫墙柳，它们之间的不同季节、不同时日的光影变化是不是？

高耸在方方正正的紫禁城城墙四角的四座角楼，用最复杂的斗拱结构组合出最复杂的“九梁十八柱七十二条脊”的多角形角楼，镏金宝顶永远闪烁着迷人的光亮，日日夜夜将玲珑的身影交给宽阔的护城河的四座角楼是不是？

高高的、厚厚的红色城墙围合着的近万平方米的凹形午门广场，高高的厚厚的红色城墙上廊庑相连着的五座城楼——一座正楼、四座方亭楼形成的午门组合，早已被形象地称作五凤楼、雁翅楼的午门组合，在朝晖夕映、月色星光中从不同角度看上去越看越神秘的剪影造型是不是？

那些和建筑连接在一起，已是建筑的一部分的屋顶的昂扬的吻兽，檐角的排列有序的脊兽，屋墙上朴素的透风，一字排在屋檐前的瓦当滴水，满铺着整齐有序的门钉与威严有加的铺首组合在一起的一座座各式大门是不是？

黄灿灿的琉璃瓦，仿佛无边无际的黄灿灿的大屋顶的铺排就不必说了，大多用来为一道道门作四边装饰的各式各样的琉璃构建是不是？墙面上的琉璃花浮雕是不是？

都是用于排水，但造型各异、材质纹饰不同的下水口、出水口；都是用于取水，大体相似，略有区别，散落各处的百余座井亭、井口是不是？

就说地面吧。已经风蚀，已遭雨浸，已是凸凹不平的大面积砖墁广场，来自京郊房山的光滑的汉白玉铺就的通路，来自河北曲阳的坚硬的花岗岩砌成的台阶，宫殿门外铺着的来自河北蓟县（今天津蓟州区）的五彩虎皮石，宫殿门内铺着的经过二十多道工序、反复烧制百余天、重达百余斤一块、价同金银的来自苏州的亮晶晶的褐色“金砖”，——所有这些是不是？

介于实用与装饰之间的是无处不有的深雕浅刻的汉白玉石栏杆，还有几乎无处不有的云龙大石雕、中石雕、小石雕——它们被最集中地安置在御路贯通的中轴线上和等级级别很高的宫殿前，这些最具雕塑特征的设置，好像在刻意提醒人们——你已经进入一个雕塑的世界，你正行进在雕塑的空间中。

几乎所有的人都会被精美的、醒目的、连贯的、永远是那么温暖的汉白玉石栏杆所引导，正如被宽厚的、笔直的、光滑的汉白玉御路所引导一样，你会因此而知道你走向何处。当你看到层层叠叠的、森林般的白色栏杆拥托起金銮宝殿的时候，你会想象、甚至会看见排列在白色森林间的十八尊褐色的鼎式香炉，一起漂浮出缭绕的青烟香烟，这大概就是雕塑的特殊意义吧。

几乎所有的人都会在保和殿后面的云龙大石雕前驻足良久。海水江崖的翻腾与蟠龙在云海间的见首不见尾已不重要。人们思绪纷纷：这块长十六点五七米，宽三点零七米，厚一点七米，重达二百五十多吨的大石雕可是一块完整的大石块啊！这是紫禁城、也是中国古代最大的一块石雕啊！它肯定是紫禁城建成以前运进现场雕刻的，否则无法弄到这个地方。清朝乾隆时曾把原来雕刻的纹饰凿掉又重新雕刻一过。这样算来，这块石雕的毛料少说也有三百吨重吧。六百年前，这么大的一块石头，两万民夫，千匹骡马，到底是怎样用了二十八天的时间，从京郊房山的大石窝运到这个地方的？

在被我看作大装置、大雕塑的紫禁城中，有不少物体是独立于建筑之外的，我们更有理由把此类有各自鲜明独立性的形体看作是具有现代雕塑特征的雕塑作品。

太和门前那对铸造于明代的青铜狮子，是我国现存最大的古代铜狮子，其材质，其工艺，不只在当时，就是在现在，也称得上是最好的。雕塑者的姓名虽然无从考究，他们无疑是当时最出色的雕塑艺术家。雄踞于天下第一门太和门前的，当然应当是这样一对天下第一的青铜狮子。

太和殿前的三台之上，可谓名副其实的雕塑广场。象征国家政权的鼎式香炉，代表时间空间的日晷，确定计量标准的嘉量，显示皇权、皇帝、国运昌久的龟、鹤，在巨大、辉煌、壮丽的太和殿前，在开阔平展的殿前平台上，更显出朴实无华的本质。

那些到处可见的，纯粹为了防火、用来储水的庞大的镏金铜缸和铸铁铁缸，作为雕塑的视觉冲击力绝对超过其作为实用器的功能性存在。至于御花园里的假山、奇石，本来就是一件件雕塑作品。就连那些不知什么时候死去但依然倔强地挺立着的松柏的枝干，也包含着张扬顽强的生存力及延续生命欲望的强烈的雕塑感。

即便在修缮之中——换一种表述更为确切——修缮中的宫殿更能凸显惊人的雕塑感。

几年前大修太和殿。故宫博物院想得深远，做得周到。不只是让成百万、上千万的观众见证百年不遇、数百年不遇的皇宫大修，还要让观众面对大修现场身临其境既直观又深入地学习中国古代建筑文化、建筑科学、建筑工艺、建筑艺术和文物保护的知识；比如，为什么要大修，用什么方法大修，太和殿建造修缮的历史，太和殿的使用，太和殿的结构体量，重檐、斗拱、和玺彩画是什么样子的，大吻、脊兽的形制、样式、名称，还有皇帝的宝座，殿内的其他陈设，等等。为此，院方把太和殿四周的施工工地的围挡做成宣传这些相关知识的图文并茂的展板，大修工地立刻变成了巨型露天展场。

看看矗立在宽阔广场上正在修缮的太和殿吧：最外边的一圈展板比足球场上

的广告牌还要气派，还要漂亮，还要引人注目；展板后是重重叠叠层层向上的汉白玉栏板栏杆；再往上大殿前的平台是摆放整齐的料场；正中便是高高在上的被绿色的施工网笼罩着的庞然大物太和殿了。

那段时间里，不论什么时候，艳阳高照或朝晖夕映或雨雪霏霏，谁都能看见无比巨大的浅绿色网罩中若隐若现的太和殿的大气大象。那绝对是一种正常状态下无法想象的具有特殊震撼力与穿透力的大气象！

有艺术家、设计师相互告曰：到故宫去，看世界上最具历史感的超级装置艺术。

可以举出的例子还有很多很多。仔细看来，仔细想来，紫禁城中大大小小的任何一样建筑装置，它们之间总是存在这样那样的关系，正是这样才造成了一座完整严密的大紫禁城。也正是在这个环境艺术的意义上，我才把它们理解为装置艺术、雕塑艺术。更重要的是，雕塑是有灵魂、有生命的。紫禁城的灵魂与生命，不主要体现在古代建筑的科学与技艺方面，而主要体现在中国古代的理念与精神方面。紫禁城，不论是整体还是局部，无一不与中国古代的哲学思想、伦理观念、文化精神相对应。这绝不是任何一个个人能想到、能做到的，无论多么伟大的雕塑艺术家都做不到。

这是我把大紫禁城看作大器朝天的大雕塑的根本原因。

这样的大雕塑、大装置艺术，空前绝后。

故宫午门雁翅楼上的飞鸟

紫禁城城墙

紫禁城宫墙

故宫断虹桥上的石狮

黄昏中的故宫东南角楼

俯瞰故宫御花园区

故宫雪意

故宫太和殿侧影

故宫乾清宫

故宫的金色屋顶

故宫交泰殿内景

落日下的故宫

故宫东南角楼的月色

故宫宫殿上的飞鸟

故宫的鸟儿们

故宫的金色屋顶

故宫太和门前的铜狮

故宫太和殿前的汉白玉螭首与铜鹤

故宫太和殿前的汉白玉栏杆

故宫中的神兽

故宫中的铜鹤

空间·节奏

「建筑是凝固的音乐。」中外的哲学家、艺术家、音乐家都这么说过。

也许这说法的原创是建筑师。不过，大家都认同。

面对规模如此之大、如此复杂的紫禁城，我们聆听到的是不是一部既悠长又嘹亮、既激越又恢宏的主题鲜明、叙事宏大的紫禁城交响曲？

壹

紫禁城作为天下最大的皇家大院，连绵铺排地占据了一百万平方米的巨大地盘；但它绝对不是几何状的等分切割，平铺直叙。如果那样，它会变得死气沉沉，索然无味。

紫禁城在建筑空间的调度上，以群落及单体建筑的大小、高低、宽窄、疏密的无穷变化、奇巧组合、精妙调配，创造出一部主旋律突出、多声部协调的恢宏建筑交响曲。

最具音响效果的是被我称之为“皇帝的广场”的空间创造。

如果说紫禁城是由一个又一个的院落组成的话，其中的超级大院堪称“皇帝的广场”。皇帝们想让那些超越“皇家大院”的一个接一个的“皇帝的广场”发挥作用，发出声音，则是凝天下之神、聚天下之气的天帝之音、天子之音、帝王之音。

国人对大户人家的空间描绘首先是深宅大院。到底多深算深，多大算大，也无定数。于是，这大院、那大院的就一个一个地冒出来了，大院文化也冒出来了。到底大院文化是怎样的文化，认真关心深入思考的人并不多。不过，有一点是肯定的，深下去，大下去，深到紫禁城般，大到紫禁城般，就到头了吧？有叫这家大院、那家大院的，那么，紫禁城叫什么？该叫皇家大院了吧？只是皇家大院里太大的大院，大到比普通的广场还大，就该叫皇帝的广场了。

大院也好，广场也罢，骨子里是一样的。院是缩小的广场，广场是放大的院。天安门广场、端门广场、午门广场、太和门广场、太和殿广场——皇城、宫城内部超过一万平方米的大场地，大多集中在中轴线上，与那些最重要的建筑组成最重要的建筑空间。若以内在形态和用途功能衡量，这样的空间叫广场似乎并不恰当，如某家的大院再大也是在他家的院落里一样，皇帝的广场再多再大，也被包围在皇城、皇宫里面；而以外在形态，即以占据的面积和形成的空间感衡量，则是名副其实的皇帝的广场了。

皇帝的广场的概念与现代的广场的概念大不一样。皇帝的广场是内部的、内向的、个人的；现代的广场是向外的、开放的、公众的。以天安门广场为例，当年的天安门还在，但皇帝时代的天安门广场和现在的天安门广场就完全不一样了。

明、清时的天安门广场被四合的红墙团团围定，四面的围墙上与门楼楼台下开有洞形的大门，进不了这些大门，根本看不到广场，广场再大也看不到。而这些大门平常是不开的，偶尔打开，也绝不准一般人入内。数万平方米的“T”字形广场在绝大多数时间里是空荡荡、静悄悄的。然而，对皇帝来说，天安门广场是极为重要的，那是发布御旨昭告万民的地方。皇帝的重要诏书在天安门颁布，本意是由内而外，面向天下、面向百姓的，事实上皇帝并不亲自登上天安门城楼，并不直接与臣民说话，尽管有些话说得特别亲切，特别实在。皇帝只是把他的钤上御印的诏书放在龙亭内，鼓乐仪仗地从午门抬到天安门城楼，宣诏官宣读后让一只“金凤”口衔诏书，从城楼上徐徐落下，然后抄送各地颁告天下。即便说些与百姓最直接的农事，最多也是从京郊选一两位年长的农民代表站在金水桥边，听宣诏官传达皇帝的声音：“说与百姓每，用心耕耘，毋荒”；

“说与百姓每，春气生发，都要宜时栽种桑枣”。于是，稀稀拉拉的臣民代表诚惶诚恐、感激涕零地领旨而去。

还是天门广场，当东、西、南三面的红墙、门洞、围房被清除得干干净净时，当广场扩展到可容纳百万民众时，同样的天安门降下了承天的尊严（天安门在明代叫承天门），当年寂静的广场现在日日人流如织，重大庆典时数十万上百万民众载歌载舞——维护帝王威严的皇帝的广场，最终成为公众兴会狂欢的人民广场。

由于天安门广场空间形态及功能本质性的改变，今天的人们已经无法想象被四合的红墙围定的“T”字形广场的面貌，当然也无法找到走在两侧各一百四十四间连脊朝房夹持着的五百米长、六十米宽的长形广场上的感觉——六十米已经够宽了，但在长达五百米连绵的廊柱与屋脊的拥促下，在前方高大雄伟的天安门城楼的引导下，肯定会生发出一种被推压着，挤压着，走向深处、远处、高处，甚至天尽头的感觉。如果这样的空间景观还存在的话，你也有可能感觉到好像自己会被虽然低沉、但有着很强的穿透力的悠长的螺号声牵引着走向高深莫测的地方。

即便改变成现在这样的无比广阔的天安门广场，即便东西两侧矗立起无比巨大的国家博物馆和人民大会堂，仍然是当时模样的天安门不仅依然不失昂然特立的王者风范，反倒更加成为天安门广场上万众瞩目的标志性形象，以至所有人都会不由自主地朝着天安门走去。

当被高大雄伟的天安门紧紧吸引着的目光掠过汉白玉金水桥，又立即被城楼下深深的门洞吸引住的时候，任何一个人都会追问：穿过那个门洞又能看到什么？在如此高大的城楼后面还有什么，还会发出什么样的声响？尽管你清楚地知道，你正走向进入皇宫的路上。

第一次走进去的人们根本不可能想到，等待你走进去的至少是三座几乎同样的深深的门洞，三座同样高耸的门楼，三处一处比一处开阔广大的广场。

穿过天安门下深深的门洞，又一座和天安门一样高大雄伟、一样有着深深的门洞的城楼——端门——出现在眼前。本以为走进皇宫了，没想到走进去才发现只是走在两个城门楼中间大约百米见方、四面围合的又一个广场里。仿佛特意要让你稍稍放松一点儿，收拾和整理一下过分急切的心情，才为你准备了这么一个不大不小的方形广场似的。

可以从容不迫地走进去了。但是，你看到的还不是皇宫，而是好像又一次让你重复天安门前从千步廊走向天安门的那种感觉。不过，你进入的这个长形广场比天安门前的“T”型广场宽得多；更让你始料未及的是，你正在走向的被称作五凤楼、雁翅楼的午门城楼，比天安门、端门的规模更加宏大，更加雄伟，但同时也使你确信，这样的城楼才一定是紫禁城的南大门了。

当你走进午门，走进紫禁城，看见更加宽广的太和门广场的时候；走上高台上的太和门，看见更宽阔的太和殿广场的时候，看见高高地、巍峨地矗立在太和殿广场最高处的太和殿的时候，你已经不再惊异不已。因为你已经深信不疑，在这样的建筑世界里，什么样的空间奇迹都有可能随时发生。

沿着中轴线走进皇城，走进宫城，走过一座又一座雄伟的建筑，走过一个接一个宽大的广场，皇城、宫城中最高、最大的建筑全部集中在通向宫禁深处的一个又一个广场的连接处。天安门高三十四点七米、端门高三十四点三七米，午门高三十五点零六米，太和殿高三十五点零五米。大明门至天安门之间的广场宽六十米；天安门、端门之间，端门、午门之间的两个广场宽一百米；午门、太和门之间，太和门、太和殿之间的两个广场宽二百米。午门前的“凹”形广场九千九百平方米，太和门广场二万六千平方米，太和殿广场三台下面的部分就超过三万平方米，加上坐落三大殿的高台广场，总计五万六千平方米——一个广场比一个广场宽大，直至使太和殿广场成为世界上最大建筑群体内部的最大广场。

正是这样的广场空间的营造，不管从过去的大明门开始，还是从现在的天安门开始，愈往里走，愈觉得高深莫测，愈觉得气势雄伟，愈觉得博大开阔，同时愈觉得高深雄伟开阔里弥漫着，弥散着无比的威严。这威严一层又一层地裹紧每一个身临其境者的身心，一次又一次地震撼每一个身临其境者的灵魂。

皇帝的广场就是这样，最深处、最核心处的广场最大，最接近皇帝的广场最大。以每平方米站立四个人计，太和殿广场足可容纳十几万人。可是，在皇帝面前，再大的广场也得沉下去。太和殿广场四面的围房统统建在高台之上，太和殿建在更高的三台上。如果皇帝站在太和殿前广场的最高处，刚好与他站立的高台平面齐平的四下的屋檐朝他匍匐而来。在他的脚下，沉下去的、空荡荡的广场即便站满了人，站上十几万人，在他的眼里，无非也如空旷的广场的七层墁砖地面上，又多了一层砖而已。

皇帝的广场是没有也不需要生命的广场。皇帝的广场既不养草栽花，也不植树造林。没有花草树木更显空旷博大。从树丛中走过，从林荫道走过与从空旷中走过的心理感受、精神状态绝对两样。

没有草木的气息，没有生命的气息，才算得上冷静冷漠，才够得上威慑威严。

皇帝登极、大婚、万寿的大典如果在树影婆娑中举行，皇帝出巡、回宫的壮观的队伍如果行走在林荫道上，皇帝的威仪就不能与日同辉了。

大臣小民从树木中走过，就不觉得孤单渺小了。

如果在午门前的树林中献俘，城楼上下的皇帝、将帅如何炫耀、彰显和体验胜利的荣光?

如果在午门前的树林中杖击大臣的屁股，被惩治的臣子怎能被光天化日下的重创羞辱到极致?

皇帝的广场通常情况下是空无一物的，但它的形制绝对容得下万千世界。规格最高、最盛大的皇帝的仪式，一定是在最大的广场举行。站在最高处的皇帝的声音可以通达四面八方，而跪伏在、站立在广场中的任何一个人，十个人，百个人，甚至十几万人，他们的存在与否，皆可忽略，就像无数砖缝、石缝间长出来的、但很快就被无遮无拦的酷热的太阳晒萎、晒死的乱草那样。

皇帝的广场上只上演程式化的正剧悲剧。这个舞台上只允许有一位主角，只允许一位天下最高音尽兴高歌，声震云天。其余所有的人都有规定好了的位置、规定好了的职责，如现在我们仍然可以清楚地看到的太和殿广场上破碎的旧砖、磨光的有了裂缝的石头，特别如斜排在御道两侧的、早已苍老苍白但仍很整齐明显地指示固定位置的那些坚硬的叫作仪仗礅的石头。规规矩矩站立在广场上的人们，即便可以发出些声音，除了震天动地的“皇帝万岁万万岁”，至多也只能是些整齐协调的应声与和声。

皇帝的登基大典，三年一次的殿试传胪最具代表性。

在太和殿广场举行的最隆重的仪式，是皇帝的登基仪式。大多数情况下，新的皇帝在办完前一位皇帝的丧礼之后，正式登极。每个朝代的登基仪式基本上是统一规范的。天亮之前，负责仪式的官员已经在殿内殿外备置好所有器具，如安放皇帝御玺的宝案、发布诏书的诏案、样式繁多的卤簿仪仗等。时辰一到，皇室王公、文武百官、外来使臣在礼部官员引导下各就各位，等待皇帝即位。首先礼部主管官员到乾清门报告大典时辰到，奏请皇帝出内朝，往外朝。这时午门钟鼓齐鸣。皇帝先到太和殿后的中和殿坐定，掌管仪式的主要官员和侍卫跪拜后，分头到各自岗位执事。接着，礼部尚书跪拜，奏请新皇帝驾临太和殿。

王公百官，殿内殿外，台上台下，跪拜者众，排列路线长，那时又没有如现在的扩音器，如何使这么多人的三跪九叩整齐划一？司仪再声嘶力竭，远处的也听不清楚，况且也不好听。于是，有了专司鸣鞭的鸣鞭官。

鸣鞭官手持的长鞭用黄丝编织，鞭梢涂蜡，摔在石或砖地上格外响亮。仪式即将开始，鸣鞭官挥摔长鞭，三声响亮清脆的鞭声在太阳刚刚照亮的太和殿广场上回荡。第一次鸣鞭是警告臣下，皇帝要出场了，皇帝正在走向宝座。鞭声响起，所有人立刻屏息静气；太和殿广场寂静无比，所以也叫净鞭、静鞭。皇帝登上高台，在宝座上坐定，鸣鞭官再挥长鞭，鞭声再次响彻广场，所有人在鞭声的指挥下，静悄悄、齐刷刷地三跪九叩，想来场面定然奇特而壮观。三跪九叩结束，太和殿内，在皇帝的注视下，专赴职责的大臣捧起皇帝的御玺，饱蘸红色印泥，极其庄重地盖印于即位诏书上。礼仪官将盖好大印的即位诏书呈放在龙亭里，护送到天安门，金凤衔诏，颁布全国。仪式结束，鞭声第三次响起，皇帝起驾还宫，众臣退场。

其他如元旦、冬至、皇帝生日等盛大庆典，凡皇帝驾临太和殿，仪式程序大体如此。一样的鸣鞭，一样的三跪九叩。

比起这些仅仅是仪式性的大典，殿试后由皇帝亲自主持，在太和殿宣布殿试结果，被称作“传胪”的仪式倒是多了些实在的内容。所谓的金榜题名，对天下学子确有极大的刺激诱惑作用，不过，跪拜的次数也更多了。“传胪”仪式是在殿试后第三天隆重举行。卤簿仪仗一应俱全，王公百官全部参加。早早恭候在午门外殿试后的进士们，由礼仪官引入，列队于太和殿广场。待皇帝就位太和殿，鸣鞭三响，乐声大作，先是阅卷官向皇帝行三跪九叩礼，接着进士们向皇帝跪拜；接着唱读新科状元的名字，状元跪拜；唱读榜眼的名字，榜眼跪拜；唱读探花的名字，探花跪拜；接着唱读其余进士们的名字，唱读毕，所有新科进士向皇帝三跪九叩。最后，鸣鞭三响，皇帝回宫，进士们出宫，仪式结束。

对于这些经过层层考试选拔出来的天下学子中的“精英”，四书五经的内容规范，起承转合的方法束缚，一而再，再而三的应试训练，早将他们导入毫无生气更无任何创造性的僵死模式中。走进皇宫参加殿试的荣耀，皇帝主持太和殿传胪的功名诱导，加上一次次三跪九叩的行体调教，进士们估计终其一生都会清楚地记得自己的名字怎样被皇帝的传胪官唱读着，飘荡在太和殿的上空。

这就是“皇帝的广场”的空间创造出来的音响效果，这就是皇帝的广场创造出来的紫禁之声的独特的音响效果。或许，这就是所谓的“有容乃大”，所谓的“大音希声，大象无形”吧。

紫禁之声的基调，紫禁之声的主旋律早已被天地对应、天人合一的中轴线规定好了。被中轴串起来的一个个宽广的广场是起伏的旋律中不断产生高潮的绝妙空间。

中轴两侧连续对称铺排的大大小小的院落里的各种和声，通过宽宽窄窄的通道汇入一个又一个广场。

协调一致、配合和谐的紫禁之声主次分明，循序渐进。

主调、和声……序曲、前奏、协奏、鸣奏、交响……由弱到强，由慢到快，由低到高，一次又一次再现，一遍又一遍回转，一个又一个高潮不断陈述着，一再强化着君权神授、受命于天、唯我独尊的鲜明主题。

最后，我们在高高的景山上看到和听到的，就是这样一部既悠长又嘹亮，既激越又恢宏的主题鲜明、叙事宏大的紫禁城交响曲。

贰

正如紫禁城建筑把中国古代建筑发展到极致一样，紫禁城建筑把中国的栏杆艺术也发挥到了极致。

走进紫禁城，面对壮丽无比的宫殿群，自然令人神往；可是，当你一看到那些洁白的汉白玉栏杆的时候，眼睛还是一亮——最引人注目的竟在一瞬间变成了栏杆。

它们的确与众不同。它们是方正的紫禁城里的委婉，庄严的紫禁城里的灵动，大红大黄的紫禁城里的纯净。或者说，它们的委婉使紫禁城更加方正，它们的灵动使紫禁城更加庄严，它们的纯净使紫禁城更加艳丽。

在紫禁城重要的区域，几乎到处都能看到它们俊俏秀美的身影。世界上没有任何一个地方可以集中这么多材质最好、雕刻最好、数量最多的汉白玉栏杆。

说到栏杆，多半会联想到栏杆拍遍的难酬豪情，或独倚栏杆的难耐凄清；但是，在庄严辉煌的紫禁城里，看见这么多洁白靓丽的栏杆，在感受它们的纯洁、高贵之美的时候，还会生出不少问题，如紫禁城里的栏杆到底有多少？皇宫里为什么要用栏杆？为什么要用这么多的栏杆？栏杆到底有什么样的用处？中国建筑中的栏杆是怎么演变成紫禁城中的这个样子的？

据考古资料显示，早在七千多年前，河姆渡文化时期的干栏式建筑中就有可能出现栏杆了。划分人的居住空间、保护人的活动范围，用栏杆围起来是最容易想到也最容易做到的。河姆渡还留有人们驯养野猪的证物。养猪要有猪栏，养鸡、养羊、养牛、养马要有鸡栏、羊栏、牛栏、马栏，如至今仍在使用的那样。城市里人行道边的护栏、马路中间的隔离栏带，也是这个意思吧？

对于一座或一组建筑来说，栏杆的支撑承重功能一开始就不是主要的，到后来美观的作用就越来越凸显了。在伟大的紫禁城建筑中，只具礼仪式的审美作用，只有独立的装饰观赏价值的，大概唯有数不清的栏杆了。能够让“凝固的音乐”传递出灵动美妙的琴瑟之音的，大概也唯有数不清的栏杆了。

最曼妙的是和委婉的金水河连接在一起、融合在一起的栏杆。

任何人经过天安门，都会觉得搭在天安门前的一座座金水桥拱形桥面上的一排排白色的石栏杆真是漂亮极了。可是，一旦穿过午门会立刻惊讶不已：原来更漂亮的河，更漂亮的桥，更漂亮的栏杆，在紫禁城里面，在皇宫里的广场上。

细心的人们发现，午门内宽阔的广场上横着一条弯曲的河，这条蜿蜒如弓的内金水河上一字排着五座白色的石桥，御道直通的正中的那座桥最宽、最长，其余四座依次递减。细心的人们还发现，这座只许皇帝行走的御桥两边的石栏杆为精雕细刻的云龙云凤纹望柱，其余桥两边的望柱，以及向两侧蜿蜒而去的金水河两边的望柱上，均为二十四道阴刻弧线旋扭而成的火炬形柱头，好像排列整齐的卫士规规矩矩地举着火把护卫着并照亮着正中的御道似的。

如果遇上蓝天白云的好天气，所有走过白色石桥的人们都会惊喜地发现：洁白的栏杆漂在水里，漂在天上，在蓝天白云的波动间隐现出没。

由西向东飘进、飘过宽阔的太和门广场的委婉的金水河，就这样始终被委婉的、洁白的栏杆上上下下、水里水外的护卫着。正是由于栏杆这样的呵护与提升，委婉的金水河才有了飘动起来的姿势。

五座金水桥自是太和门广场上栏杆最集中的地方。远远望去，隆起了一片白色的石林。以白色的石林为中心，由白色的石林牵引着正前方太和门前白色的栏杆，牵引着太和门两侧昭德门、贞度门前白色的栏杆，牵引着西北角、东北角白色的栏杆，牵连着西面的熙和门、东面的协和门前的白色的栏杆——被四面的红墙、红门、红窗和黄色的大屋顶圈起来的方方正正的数万平方米的太和门广场，就这样被这么多载歌载舞的白色石栏杆牵引着，轻灵地飘动起来了。

最崇高、最庄严的是将紫禁城中最重要的太和殿、中和殿、保和殿高高地托举起来的层层叠叠的三台栏杆。

通体精雕细刻、充满神圣宗教气象的三重须弥座高台已经足以奠定紫禁城中最大宫殿的至高无上的地位；围绕三重须弥座，总计一千四百五十八根望柱、一千四百一十四块栏板、一千一百四十二个螭首组成的三台石栏杆，努力向上地簇拥着、装饰着的那座超稳定的“土”字形高台，特别是那些蓬蓬勃勃生长着的上千根云龙云凤望柱的铺排与拥护，更让天子的宫殿永远稳稳地矗立于超凡脱俗的境界之中。

数千根望柱层层升高直指云天，数千根望柱雕云雕龙雕凤，数千个龙头从望柱旁伸出，数千块栏板云头飘忽。栏杆上有云翻卷，云中有龙腾跃，有凤飞翔，青铜香炉有香烟飘扬缭绕，整个儿把天子的宫殿缥缈成天上的玉宇琼楼。

同样是洁白的汉白玉栏杆，与委婉的金水河融为一体的，因临水而分外的灵动，与三大殿巨大的“土”字形台基融为一体的，因靠土而无比的庄重。

与金水河、金水桥融为一体的栏杆望柱如委婉悠长的曲谱，与高高的三台融为一体的栏杆望柱如隆重热烈的笙管齐鸣。

且不说成千上万的雕栏玉砌烘托着的是天下最高大、最壮观的宫殿，任何人、任何时候从任何一个方向和角度，不论近距离观看还是远距离眺望，不论近距离倾听还是远距离聆听，弥漫开来又聚拢起来的纯洁的栏杆世界之上的任何存在，都会使任何一个观望者、聆听者从心中升起的敬畏之感、至尊之感、神圣之感与时俱增。

肯定是建筑的历史形成和赋予了高台和围栏凸现建筑重要性的视觉作用与听觉作用。紫禁城中三大殿的台基无疑是最大、最高的，周围的栏杆无疑是最多的，其余重要的建筑，如乾清宫、交泰殿、坤宁宫、钦安殿、文华殿、武英殿、奉先殿、皇极殿、慈宁宫、寿康宫等，还有太和门、乾清门等，统统建立在高低不等的台基上，都有多少不等的栏杆护卫着。高台和栏杆早已成为识别和欣赏重要建筑的导引和标志。

栏杆作为建筑组合中的组成部分，并不是必要的、最重要的，但有时候在有些位置上却是最重要的。因此，栏杆往往承担起最独立和最出色的建筑语言角色。它们独立凌虚的空间形象、排列组合的群体效应，总能给单调的空间增加丰富的活力，在规整的环境中焕发勃勃的生机。就说色彩吧，那种温润的白，在紫禁城大红大黄主宰的色彩世界里，却白得出色；而当大雪将紫禁城覆盖为白色世界的时候，它们纯净的凸现，更显出本色而出色的雍容尊贵。还有声音。走近那些与金水河相伴相生的临水栏杆，仿佛看见琴的弦、琴的纽，听见琴的声音融入流水。走近那些与高台相拥相长的朝天栏杆，仿佛看见无数的笙管齐鸣，听见雄壮整齐的鸣奏曲直入云天。尤其是日落人静时分，皓月当空之时。即便风高夜黑，天籁与栏杆之音也一样浑然天成。

叁

不论哪位皇帝，他在紫禁城里走动，比如他到武英殿或者到文华殿，如果看不到一条河，看不到河水的流动；比如他要离开紫禁城，或者从外边回到紫禁城，如果不跨过一条河、两条河，那么，他就缺少了天下江山的感觉，他就会怀疑自己的权力是静态的还是动态的？能不能如流水般蔓延渗透，无边无际、无处不有？

营建紫禁城的总负责人泰宁侯陈圭肯定是朱棣亲自精心挑选的。陈圭小心谨慎地向明成祖汇报紫禁城的总体设计时，一定格外用心地强调金水河的含义。他一定会说，在帝王宫阙里放置一条金水河表达天河银汉的意思从周朝时就有了，既然紫禁城上对紫微星垣，自当有一条河对应天上的银河。他还会说，况且自古以来先祖们就是逐水而居，城和水总是连在一起的。他还会从风水学的角度说，紫禁城一定要枕山襟水，城北要堆起一座万岁山，城内要环绕一条金水河。这样就天地之气相接、山水之象融合了。他还会具体地解说，西北是八卦中的乾位、天门位，金水河从万岁山的西侧，从积水潭，从北海太液池，从紫禁城的西北方，即从天门引入，就把天上的生气引入了，这生气贯通紫禁城，从东南方导出，天气、皇气就流布天下了。北方从水，西方从金，金又生水，所以叫金水河。他还会说得更远，说这金水河的水来自北京西北的玉泉山，玉泉山连着燕山、太行山，连着更远处的昆仑山，那是古书里记载的天地的中心；说这金水河从紫禁城流出，可以流向黄河、长江、南京，流向东海、南海，这样，皇气、皇权就铺天盖地了。

如果陈圭真是这样说的话，想来朱棣虽然觉得陈圭说得太远了点儿，但对陈圭对自己旨意的心领神会还是极为满意的。

没有什么人能比得上朱棣对北京山山水水的熟悉，对北京的真情实感了。作为朱元璋的第四个儿子，自从被分封到北平做燕王，这个地方就是他的家。这个地方又是他的“龙兴之地”，他从这里起兵南下，扫荡南京，从侄子手里夺得帝位，迁都北京是迟早的事。在筹划和肇建紫禁城的那些年头里，他有不少时间在北京度过。他多次北征蒙元余部，都是从北京出发的。燕山雪花大如席，狂野的风从漠北吹来，黄河、长江，江南水乡、江南的雨……这些，朱棣不知经历了多少回。陈圭所说的金水河的引入与导出，陈圭说得再远再玄，也绝赶不上朱棣的真实感受。并且，朱棣会把他的这种感受传给他的儿子，让他的儿子传给他的孙子，一个皇帝一个皇帝地传下去。

不过，朱棣还是表扬了陈圭，嘱咐陈圭把金水河安置得好看一些。

若干年后，陈圭陪明成祖朱棣验收金水河时，朱棣着实很高兴。他看见一渠清水穿过西北角楼东侧厚厚的城墙流入宫中，弯弯曲曲地转向西边，从灰色的城墙和红色的宫墙之间直中有弯地向南延伸至西华门方向，向东拐入武英殿前，在蜿蜒的汉白玉望柱、汉白玉栏板和一座又一座汉白玉石桥的护佑下飘过宽阔的太和门广场，又拐向北，从文华殿后边飘过，经东华门内往南，从东南角楼西侧出紫禁城。弯弯曲曲，飘飘荡荡，时隐时现，时明时暗，长达四里的金水河不知不觉中就走过了。

紫禁城、金水河、白玉桥——多么尊荣靓丽的色彩，连名称都这么响亮悦耳。金水河怀抱着它的紫禁城，白玉桥拱卫着它的金銮殿。朱棣站在午门与奉天门（太和门）之间的金水桥上，站在横卧于弯弯曲曲的金水河上的五座白玉桥中最中间的那座白玉桥上，站在那座只有他能通过和站立的白玉桥上。他抚摸着洁白的汉白玉云龙望柱，凝视沉思良久。

“疑是银河落九天。”

朱棣没想到他的金水河能安置得如此美观。他知道他的禁城是方方正正的，从外看，从里看，所有的建筑，城墙、宫墙、院墙，大院小院、大的宫殿和小的配房，一律是方方正正的。他知道他的紫禁城必须方正端庄，才能显示帝王的庄重威严。但有时候他不免觉得是不是太过端正庄严了？以至于这么大的紫禁城总是安静得出奇，不管有多少人，都得屏气静声。

现在好了，弯弯曲曲的金水河就在他的眼前，虽说除了下大雨，金水河并没有流动的声音；但这么一弯曲，这么弯来弯去，声音不就弯出来了吗？这使得他的方正恢宏的紫禁城任何时候都不显得空旷，不感到寂寞了。游龙般的金水河的穿行、弯月般的金水桥的映照，使他的巍峨的宫殿更加庄严肃穆；而雄伟壮丽的宫阙也使得他的金水河、金水桥更加曼妙多姿了。真的是动静相得、刚柔相济、声息相投啊！

所有这些看得到的、想得到的、感觉到的，甚合朱棣的心意，也甚合所有皇帝的心意。据记载，永乐十五年（1417）寒冷的冬天，奉天殿与乾清宫的建造同时动工，金水河结冰，冰面居然出现了楼阁、龙凤、花卉的形状，朱棣大喜，赐群臣观赏。是的，再威严的皇权，再冷酷的皇权，也要表现得如金水河般委婉、温和、明亮，如金水桥般纯洁、滋润、柔美。

朱棣甚至有可能因为这些而选择了在奉天门御门听政。在看得见金水河、金水桥的地方决断国家大事，行使至高无上的皇权；或许更有一种靠山面水、在风声雨声中指点江山、把握天下的真切感受？有一种更能体现皇权的流动与扩展的力量，体现皇权凝固的庄严威猛的力量，体现皇权渗透浸润的无处不在的力量？

陈圭心里明白，金水河其实也有很实用的功能，只是不便跟皇帝明说。不过不说皇帝心里也明白。《明宫史》记得清楚："是河也，非谓鱼泳在藻，以恣游赏；又非故为曲折，以耗物料，盖恐有意外火灾，则此水赖焉。天启四年，六科廊灾；六年，武英殿西油漆作灾，皆得此水之济。而鼎建皇极等殿大工，凡泥灰等项，皆用此水，祖宗设立，良有深意。"所记供工程用水的功能当然可以明说，还有排水功能更可以大说特说。紫禁城内七十多万平方米面积，总计二十多里上下排水系统，支渠干渠，全部排入金水河；数百年间，无论雨水多大，从无积水之害。有了这些实用功能，金水河就愈加尊贵了。

金水河的变化似乎与家国的兴衰很有些关系。据说到明中期以后，金水河淤积，疏浚后竟栽种了荷花和菱角，还养了鱼和水禽。鱼鸟戏水，叶儿田田的舒展，花儿尖尖的含苞、艳艳的怒放，宫女们荷叶般翠绿的衣衫，荷花般的粉面，好看是好看了，王气、皇气就被遮掩了许多，就暗淡了许多。有人说，禁城里的风景好似江南，明朝后来的皇帝，几乎不再南下过河渡江了。

清帝入主紫禁城后，虽说清承明制，可有些是一定要改变的，或者说一定要恢复的。可能是康熙帝的旨意吧，将金水河里水以外的东西统统清除干净。要让东北那样厚厚的积雪覆盖蜿蜒的金水河，要让江南那样密密的雨点击溅金水河明亮的水面，要让星星、月亮、太阳浮动在金水河中；他要看金水河的朝晖夕映，看金水河里的彩云逐日追月。一代帝王有一代帝王的追求和审美，一个帝王的追求和审美可能影响一代甚至几代的朝风。康熙帝看到了，康熙帝做到了。他来自大东北，他的部队打到了大西北的准噶尔；他六下江南，最远到了东海的边缘。他比朱棣走得更远。他所到达和所影响的地方，是紫禁城里真正的金水河的源头和金水河的流域。

肆

虽然几百年前的环境风水问题远没到时下这么严重的程度，可那时的城市规划，特别是都城、皇城、宫城的营建还是很讲究环境风水的，很有生态意识的。且不说紫禁城西边、北边的南海、中海、北海、景山，南边的太庙、社稷坛（现劳动人民文化宫、中山公园），远一点儿的天坛、地坛、日坛、月坛、先农坛，更远的南苑、颐和园、圆明园、玉泉山等，均是些山水环绕、草木葱茏的去处，单说皇宫紫禁城里，称得上园林山水的就有好几处。

紫禁城最北，靠近神武门有一处园子叫御花园。御花园北边紧靠红色的宫墙有一座太湖石堆起来的假山叫堆秀山。堆秀山巅有一座高高在上的亭子叫御景亭。山顶的山石已经超过高高的宫墙，从红色的宫墙外边看去，高高的御景亭浮在高高的、红色的宫墙上方。一位年轻小伙子导游指点着堆秀山上的御景亭不无同情地对围着他的游人讲解道：进了宫的女人们再也没机会出去了，只能站在那上面看一眼外面的世界。围着他的年轻的、年老的游人不无同情地连连点头。小伙子说得不错，外面的人严禁入内，里面的人不得轻易出外，皇帝也不例外，更不用说女人和小孩了。堆秀山上的御景亭为的是皇帝重阳登高，想来平常日子里也不是谁想上就可以上的；所以，一定要建一处御花园，好让皇帝和他的女人们、孩子们有一个接近花草树木的地方。

就像本居于田野间的财主，起宅修院，也要在最后边的位置上修一处或大或小的后花园，既要和一墙之隔的田野划清界限，又要在自家的院子里弄出一块有些田野味道的地方来；既不让自家的女人、孩子和左邻右舍的农妇、农子混为一体，又要让他们享受到一些自然田园之乐。即便如家道中落的绍兴周家——被鲁迅自称为小康人家的周家，也有一个给了这家小孩子们无限乐趣的百草园，不过到底比不上去乡下的外婆家与真正的农家孩子们在一起有趣味，如鲁迅《社戏》里描述的那样。

紫禁城里的御花园就是皇帝给他的女人们和孩子们修造出来的“百草园”。

按说东西一百三十米，南北九十米，占地一万二千平方米的园子已经不算小了。可是，自明初建园以来，从明嘉靖、万历至清雍正、乾隆，历朝历代的皇帝们总想给他们的女人们、孩子们更多、更好的山水田园、花草树木、亭台楼阁，就这样弄来弄去，硬是把一个微天缩地的御花园挤得满满当当。

假山、真水、奇石、亭台、楼阁、轩馆罗列于苍松、翠柏、绿竹、牡丹、芍药、玉兰之间。澄瑞、浮碧、凝香、绛雪、摛藻、延晖——仅亭台楼阁就有二十多座，占去了全园面积的三分之一。造型别致，装饰精美，被誉为紫禁城中亭式建筑之首的千秋亭、万春亭，在眼花缭乱中反倒失色不少，至于田野的自然的趣味，就更难感受到了。倒是嶙峋的古柏格外引人注目，古木保护专业人士说，唯有这类现在看来形体怪异的松柏，有可能比紫禁城的年龄还要大。

由此想来，拥挤的风景其实根本关不住可以在御花园里游来游去的女人们、孩子们的心，反更让他们总想着攀上堆秀山去看近水，看远山，看林野茫茫。

比较起来，紫禁城西边，郁郁葱葱的十八棵古槐树西边的慈宁宫花园及周边的院落，倒多了一些园林自然的味道。

春风里随处有淡紫色的二月兰散漫地开放，秋阳下花红的枣儿缀满枝头，冬雪中枣树、槐树黑色的枝干骨立。岁月轮回、草木荣枯使这里的主人们——曾随皇帝们一起风光过的太后、太妃们越来越气静心平。只有在这样的地方，煌煌的宫殿才让位于森森的草木，本不算大的园子因此而显得开阔疏朗。这是皇帝们专为他们的母亲们及那些因改朝换代必须退出政治中心、宫廷中心的人们规划修造的颐养天年的地方。

那些被草木掩映的为数不多的房子，大多是供奉佛像的佛堂。始建于明代的慈宁宫花园东西宽五十米，南北长一百三十米。清乾隆时期改建、扩建后，建筑占地面积也不足园子的五分之一，且集中于花园的北部。主体建筑咸若馆内是庄严神秘的佛堂，东、北、西三面是连通式金漆佛龛、佛像，法器、供物一应俱全。咸若馆东侧有宝相楼，供奉佛塔佛像近千尊，可谓千佛龛；西侧有吉云楼，层层供台及四壁、屋梁摆满五彩描金擦擦佛像（擦擦为藏语音译，是一种以泥土为料，用模具制作的小型泥造像），总量过万，堪称万佛楼；北面有藏经处慈荫楼——将精神抚慰的佛堂得体地安置在自然抚慰的园林之中——皇帝们知道如何让不甘寂寞又不得不寂寞的太后、太妃们在拜佛诵经、风铃叮当与草木摇落中获得内心深处的宁静。

御花园无疑是供宫里的大小主子们休憩游赏的。慈宁宫花园是供太后、太妃们修身养性的。位于紫禁城东部的宁寿宫花园则是乾隆帝心造的一个幻影。

比起宫中的其他花园，宁寿宫花园虽然不显山、不露水地隐藏在宫院的深处，却更多些江南园林的气息。康熙帝在位六十一年，乾隆帝一时谦虚，说了句“予不敢上同祖皇”，“至六十年即拟归政”的大话，说不定话一出口就后悔了，不过皇帝话既出口，不能不算数，于是便早早准备起来。只是准备得太早了些，足见其后悔之意。早在乾隆三十五年（1770），乾隆帝就开始修建准备二十五年后享用的太上皇宫殿。在紫禁城东部那片占地达五万平方米、历时五年完成的宁寿宫区域，特意挤出一块宽不足四十米、长一百六十米的狭窄地带，修理成一座宁寿宫花园，因为乾隆帝的关系，也叫乾隆花园。

痴迷于造园艺术的乾隆帝在花钱造园上超过康熙帝的地方，不仅是造得多，造得大，还有是不仅在宫外造，在宫里也造。不过，宫外宫里大不一样。宫外天广地阔，有的是地方，有的是发展的空间，皇帝的宫殿楼阁可以自由自在地安顿在山水间；而紫禁城端正规整，空间有限，在宫里造园，要把自然的山水和特别的心情安放在既成的宫殿里，非同一般：乾隆帝自己给自己出了一道难题。

但此时的乾隆帝已经是自认为积累了相当丰富经验的造园大师了。他不只在宫外造过许多园子，在宫内也造过。早在刚当皇帝没几年的时候，他就把重华宫西面的两所院子改造成一座园中之园的建福宫花园。在这座四千米的园子里，叠石成山、游廊回环，亭阁斋馆楼堂轩室错落。乾隆帝颇为得意，经常光顾。三十多年过去了，乾隆三十七年（1772），当他在宁寿宫区专门辟出一块地方，建造他当了太上皇之后优游其间的宁寿宫花园时，乾隆帝对自己的造园艺术依然充满自信。

这块地方位于宁寿宫区北半部的西侧，正好与紫禁城西区三十年前所建的建福宫花园大体对称。规划的面积比建福宫花园大一些，但也没大多少。南北一百六十米，东西不足四十米，占地六千平方米左右。在这么一块地方建造太上皇的花园，实在是太过狭窄了，但是也没有办法，任何扩展的余地都没有了，只能地尽其用；或许在限定的空间里，正可考验出乾隆帝的造园水平。

在这块南北狭长的地带上，由南到北，划分为既分隔又连贯的五进院落、五个景区。正南门衍祺门内为第一景区，入院即山石亭台；北面主体古华轩；西面禊赏亭中，石板地面凿流杯渠，可曲水流觞。禊赏亭背后设爬山廊，登堆山有旭辉亭，可观日出；东南有露台、抑斋、撷芳亭，湖石峰峦间石洞游廊连通。

第二进院为住宅式院落，主体遂初堂坐北面南，东西配房、廊房相接。乾隆帝说：“皇祖临御六十一年，予不敢上同皇祖”，“至六十年即拟归政”，“冀得遂初心愿”。谓予不信，此堂为证。

遂初堂后，第三进景区以山景为主，湖石堆山，山峦跌宕，奇峰怪石，悬崖洞壑；萃赏楼、耸秀亭、延趣楼、三友轩于山景前后左右上下，对峙环立。

第四进主体为符望阁，仿建福宫花园中的延春阁。高两层，平面方形，阁内装修奢华，镶玉嵌珐琅，纵横变幻，行走如入迷宫。顶层围廊，可四望宫中景色。阁前叠石堆山上的碧螺亭，内外装饰皆为梅花图案。

最后一进主体为倦勤斋，靠西墙有竹香馆，堆山映掩。倦勤斋北依宫墙，面阔九间，仿建福宫花园中敬胜斋。内设仙楼小室，宝座宝床，竹丝挂檐，珠玉嵌壁。更有方形亭式小戏台，木质仿竹纹，戏台左右绕以夹层篱墙，周围整面墙壁满绘园林景色，与天顶所绘藤萝天花连为风景特异的通景画。由于采用了西洋透视通景绘画技法，通景画焕发出神奇的视觉效果，立体感极强，实景与画景融合，室内空间仿佛延伸到画面中，小戏台真如设于藤萝架下。新颖的通景画锦上添花，倦勤斋室内装饰，堪称宫廷之最。

如此看来，乾隆帝为自己造的太上皇花园的确是尽心之作、精心之作。虽然受到极大的空间限制，他还是造出了自己的水平，造出了自己的风格。皇宫的尊贵、江南的文雅、西洋的新奇，应有尽有。

但是，太过狭小的皇宫造园空间，与圆明园的天地由我裁剪、颐和园的山水任我利用相比，大开大合的乾隆气势不得不在这个地方委曲求全了。

想想吧，仅仅百把米的狭长地界，居然做出五个景区，堆起六处石山，安置二十二座建筑！这么狭窄的地方，这么多的景点，高高低低，上上下下，草木山峦、亭台楼阁，穿行期间，虽是移步换景，实则更觉堆砌、拥挤、逼窄。

恐怕乾隆帝自己在建造过程中，一边尽可能把最能寄托自己情思的馆舍放了进去，一边也觉得自己未免太求全责备，又觉得在这样一个地方这样的做来做去，真的是大材小用，误入歧途，曾经的挥洒自如，只能移天缩地了。

是的，此时此刻的乾隆帝，肯定纠结于人工与天开、以少胜多与多多益善、因地制宜与强造景观、雕琢奇巧与不着痕迹的审美错位之中不能自拔——这大概也是他最终放弃宁寿宫区的一个无法言说的因素吧。以禊赏亭里的流杯渠看，寄情自然山水的雅兴一旦圈进巴掌大的亭子间，还有何兴味？所以，找不到任何乾隆帝或其他人在这里曲水流觞的记载。倒是外表平淡、内里风光无限的倦勤斋，乾隆帝常去不厌。当然，更为主要的原因，是宁寿宫区宁寿延年、延寿延福、多寿多福、子孙满堂、流传百世、江山永固的主题表达，在小戏台与藤萝画（寓意子孙万代延绵不断）的情景再现中达到新的高度，使乾隆帝、乾隆太上皇依依不舍。

正如乾隆帝修建的宁寿宫区几乎是紫禁城的缩小版一样，乾隆花园就更是一个他眼里、心里大好山河的微缩版。浮动在此种建筑格局中的意象，分明是乾隆帝到时候不得不退的无奈与打算退而不退的内心世界的自然流露。

他虽然让出帝位，退居二线了，但他仍然可以端坐在和中轴线上三大殿后、三宫格局一样的几墙之隔的旁边，眼睁睁地盯着他的继任者。

他修了一个自己专用的花园，他把遥远的山河收入他伸手可触的格局之中；看起来他想让自己退休后遁入山水之中，但在这样的山水之中，他的庙堂同样伸手可触。

一代帝王内心深处的平衡宁静真能通过殿堂的平衡和小小花园的宁静获得吗？从乾隆帝大兴土木建造太上皇宫殿的前前后后看，从兴致勃勃的开始，到兴味索然的收场，再到不冷不热的闲置，分明透露出乾隆帝注定不想退位，退了也不会安居此地的信息。到了乾隆六十年（1795），早已张扬得天下昭然的退位之事，不得不有个交代了。第二年元旦，举行授受大典，改元嘉庆。嘉庆元年（1796）正月初四，太上皇在皇极殿摆了一个盛大的千叟宴，参加宴会的为七十岁以上的王公、百官、兵、民、役匠等共三千零五十六人，另有列名邀赏并不出席者五千人，并有朝鲜、暹罗（今泰国）、安南（今越南）、廓尔喀（今尼泊尔）四国的使臣。除了好吃好喝招待，还有不同等级的赏赐。赏给一百零六岁、一百岁两位老民六品顶戴，九十岁以上、一百岁以下七品顶戴。八十五岁的退休太上皇，如此彰显“尊老”政策，可能有格外的深思深意。果然，此次超级亮相之后，乾隆太上皇仍然住在养心殿“训政”，新皇帝毕恭毕敬地在一旁伺候。直到嘉庆四年（1799），太上皇死在养心殿皇帝的工作岗位上——他连一天也没在自己亲手创建的太上皇宫殿里居住过。

除了不肯放下皇权，或者说放心不下的原因外，乾隆帝最终没有光顾亲手营建的休养之地，特别是轻易地就将那座倾心打造的宁寿宫花园置之脑后，可能还有另外一个原因，那就是他自己看了以后也极不满意。本想在一篇政治论文中增加些许诗情画意，因为过分刻意而总有些格格不入，不伦不类。宫中的“山河”终究比不得真山真水，那根本不是他的江山。虚假的慰藉不适合自命不凡的“十全”老人。待在这样的地方还不如抬腿出走，在自家的山河间转上一转，或者干脆独处一室回忆往日的荣耀，更能激发他不羁的帝王情结、浪漫情怀。

乾隆帝精心创建的太上皇的独立王国，在他之后百多年的时间里，注定是被冷落的。乾隆帝在位期间，没有实际用处；退位之后，又不肯去住；乾隆帝死了以后，因其在位时说过宁寿宫“待余归政后居住，则为太上皇临御之所”，若不是太上皇，岂可居住？可是，乾隆帝之后，不用说再也不会有太上皇了，到后来连找个继位的皇帝都不容易。一直到慈禧太后入住，其间一百二十余年，太上皇的宁寿宫区域只望得见看管太监的身影。

乾隆帝也不会想到，这个让他晚年很尴尬的宁寿宫，倒是留给慈禧太后偷着乐的政治遗产。乾隆太上皇的确是慈禧太后的好榜样。两度垂帘听政、数度训政的西太后，大概觉得自己并不比乾隆太上皇“训政”的水平低多少。太上皇没去住的太上皇宫殿，闲着也是闲着，难道我就不可以去住吗？光绪十七年（1891），为贺慈禧六十寿辰，拨银六十万两将宁寿宫区修葺一新。光绪二十年（1894），慈禧太后在皇极殿举行六十寿辰贺礼，入住乐寿堂。皇帝、后妃日日请安。从这个时候开始，乾隆帝的太上皇宫殿，终于热闹起来。光绪三十年（1904），慈禧太后举行七十寿辰贺礼，还是在这个地方分别接受了九国使臣的祝贺。慈禧太后死后，也是在这个地方，在太上皇的宫殿里，停灵、治丧。

伍

紫禁城东西区差不多相互对应的位置上，各有一座“超高”建筑。在东区的是宁寿宫区北半部东路打头的大戏台畅音阁，“崇台三层”；在西区的是慈宁宫后面的雨花阁，外观三层，内部四层，“明三暗四”。一个是看戏处，一个是拜佛处。说它们“超高”，因为在紫禁城中，再没有超过三层的建筑了。说来也有意思，排满大殿深宫的皇宫里，唯演戏的地方层次高，供佛的地方层次更高。

皇宫里演戏、看戏的地方不止这一处。现存的还有六处：西区的漱芳斋院子里有一座中等戏台，西六宫的长春宫院子里有一小戏台，漱芳斋、倦勤斋，倦勤斋东边的景祺阁，储秀宫后边的丽景轩，各有室内小戏台。乾隆二十五年（1760），乾隆帝为贺皇太后七十寿典，在雨花阁西边的寿安宫曾经添建一座三层大戏台，嘉庆年间拆除。

唱戏看戏，是皇宫里最大、最热闹的庆典娱乐活动。清代宫中逢帝、后、太后生日都要演戏，连演数日至十数日。逢六十、七十、八十大寿，演出规模更大，连续演出长达一个多月。畅音阁是紫禁城中最大的演戏楼。坐南面北，上下三层。上层称“福台”，悬“畅音阁”匾；中层称“禄台”，悬“导和怡泰”匾；下层称“寿台”，悬“壶天宣豫”匾，两侧挂联：“动静叶清音，智水仁山随所会；春秋富佳日，凤歌鸾舞适其机。”下层台面面积二百一十平方米，前面部分演员表演，后部设楼梯供演职人员上下。中层前檐三间和东西两间为廊，供演员表演。上层四周为廊。上演大戏时，上、中、下三层均有演员，多时可达数百人。下层台板底下正中有水井一眼，起共鸣扩音作用，四角四眼空井，可升降演员道具。中、上层各设天井，上下贯通，井口安置辘轳，操纵演员升降。如此构建，这般规模，三皇五帝、西天瑶池、山移海转、亭台楼阁、上天入地、神仙鬼怪、奇花异树、龙虎鱼鸟，尽可展现。与畅音阁差不多规模，甚至更大规模的三层大戏楼，宫里还有嘉庆年间拆除的寿安宫大戏台，宫外圆明园、颐和园、避暑山庄各有戏台一座。

畅音阁对面为阅是楼，坐北面南，上下两层，面阔五间，进深三间，前出廊。下层玻璃门窗，东西次间靠南窗设宝座、宝床，楼两侧与东西厢廊连接。阅是楼是太后、皇帝、后妃、皇子等看戏的地方，东西厢廊是王公大臣陪看处。寒冷的冬天，数百名演员顶着凛冽的北风声嘶力竭地演戏，帝、后、妃嫔、皇子们数十人在温暖的阅是楼内，喝着热茶，吃着点心，舒舒服服地看戏。

皇宫里演戏、看戏的地方多，礼佛、拜佛的宗教场所更多。清代的皇帝们把扶持藏传佛教作为治理蒙藏地区的有效办法，对藏传佛教格外重视，藏传佛教佛堂散布于内廷各处。康熙年间，将中正殿设立为宫中佛教管理中心，主管、主办宫中佛事活动。乾隆时期，皇宫里藏传佛教活动最为活跃，仅建造皇帝、太后专用佛堂就多达十几处。乾隆十四年（1749），乾隆帝采纳三世章嘉国师的建议，仿照西藏阿里古格的托林寺坛城殿，在中正殿的南面建起一座紫禁城中唯一的汉藏形式结合的雨花阁。从此，这座高高耸立的楼阁，成为皇宫中宗教建筑与活动区域的鲜明标志。雨花阁北面，依次排列有皇帝专用的宝华殿、香云亭、中正殿以及澹远楼等十多座建筑。中正殿专供无量寿佛，念无量寿经，祝念皇帝幸福长寿。香云亭内设极为精美的金塔七座、金佛五尊，又称为金塔殿。

1923年建福宫花园大火，向南延烧，宝华殿后的香云亭、中正殿及东西配殿、澹远楼毁于火，现已按原样复建。

雨花阁建筑风格的藏汉融合，体现在汉式单檐攒尖顶，上覆鎏金铜瓦，尖顶立鎏金喇嘛塔，顶脊檐角装饰四条藏式铜鎏金行龙，每条行龙长一丈一尺五寸，重一百八十斤，远望若凌空行走。每层檐下有泥金彩龙盘旋于梁柱之间，二层与顶层之间朝东朝西的壁龛里排列藏塔，底层檐下为藏式斗拱和藏式兽面，室内天花绘饰六字大明咒及法器图案。从高处看，紫禁城连绵铺排的黄色屋顶间，无数脊兽、角兽昂首云天，唯独雨花阁金顶上飞龙在天，金光闪闪。

雨花阁内部四层，严格按照藏传佛教密宗的事、行、瑜伽、无上瑜伽四部神系供奉。一层称智行层，悬挂乾隆帝御题“智珠心印”，前厅为西方极乐世界阿弥陀佛安养道场；后厅供奉以无量寿佛为中心的功部九尊佛，佛后供掐丝珐琅坛城三座。二层是一层和三层之间在北侧做出的夹层，称德行层，供以宏光显耀菩提佛为中心的行部九尊佛。第三层称瑜伽层，供奉以大日如来佛为中心的瑜伽部五尊佛。第四层称无上层，正面开门，三面安窗，光线充足，满室亮堂，室内供奉的是密宗修行进入最高境界的无上瑜伽部三大本尊神：密集金刚、上乐金刚、大威德金刚。它们均为双身像，即“欢喜佛”。上乐金刚又称胜乐金刚，四面，每面三目，十二臂，主臂拥抱其明妃金刚亥母，左右手分握金刚铃、金刚杵，其余手臂亦各持法器，弓步立姿，足下踏裸身魔怪。

雨花阁建成后，不仅成为宫廷宗教场所最重要的地标性建筑，在整座皇宫里的地位也是异常凸出的。乾隆帝如此重视藏传佛教，一为治国理政所需，二与个人信仰有关。通过宗教信仰与宗教政策、宗教行为处理好中央政权与蒙藏关系，是清朝政府的基本国策。乾隆帝在皇宫中以建造雨花阁为标志，在皇宫外，以把雍和宫打造成国家宗教管理和宗教活动中心为标志，表明了乾隆帝在国家宗教政策方面对康熙帝、雍正帝的继承、发展和超越。在个人信仰方面，由于出生并从小生活在雍亲王府（雍和宫），由于在家庭中、在宫廷里，对祖父、父亲宗教活动、宗教政策的了解与参与，更由于从小与藏传佛教领袖三世章嘉活佛的亲密关系，耳濡目染，亲身经历，再加以当皇帝后治理国家的需要，培养和促成了乾隆帝对藏传佛教思想上的认知、精神上的追求、信仰上的践行。不信则已，信则必须修行到最高境界，即到达雨花阁最高处无上层藏密那样的明净、空灵境界。灌顶是进入密宗修行的第一道门槛，所以，年轻时的乾隆帝就要求他的亲密朋友章嘉国师在中正殿给他灌顶。《章嘉国师若必多吉传》记载：

章嘉国师朝见乾隆帝，乾隆帝说："现在朕欲学习密法，请给我传授入乘法灌顶，还要把你的本尊神胜乐灌顶传授给我。"章嘉国师欣然答允。

在仔细听受"瑜伽母生起及圆满、分支"等咒语和听受"空行修习金刚法指导"时，大皇帝将自己的坐垫收起，跪在地上，顶礼章嘉国师之脚。这种恩宠，使人难以想象。

东边是看戏的畅音阁，西边是拜佛的雨花阁，乾隆帝在自己的皇宫里一手建造这么两座"高楼大厦"，到底是娱乐至上，还是信仰至上？于乾隆帝，自当是信仰至上，为母亲，为自己，为祖宗，为子孙，当然也要为百姓。在个人信仰的同时，自信人性、帝性、佛性齐备的"十全老人"，掌握一个庞大帝国最高权力的统治者，自然也明白个人信仰与治国理政的宗教政策之间的关系，知道孰轻孰重。关于这一点，乾隆帝刻在雍和宫石碑上的《喇嘛说》讲得清楚——当他把皇宫外的雍和宫，把在诗中称作自己"跃龙宫"的"龙兴之地"雍和宫建设成为中央政府管理全国藏传佛教事务中心的时候，即任命三世章嘉活佛担任总主持人，并在雍和宫正殿的大院当中，矗立起一座独立不倚的四面御碑亭，将亲自撰写的七百六十八字的《喇嘛说》用四种文字刻于四面。这是乾隆帝最直言不讳的关于他制定的宗教政策的“独立宣言”。其中有两点说得最清晰。一是为什么要用雍和宫这样的形式大张旗鼓地尊崇喇嘛教中最重要、影响最大的黄教：“盖中外黄教总司以此二人（达赖、班禅），各部蒙古，一心归之，兴黄教，即所以安众蒙古，所系非小”；“盖以蒙古奉佛，最信喇嘛，不可不保护之，以为怀柔之道而已”。二是为什么要用“金瓶掣签”法决定转世灵童。乾隆帝说转世灵童的确定，逐渐变成皆出一家族，几与封爵世袭无异，难以控制，危害极大，所以想出这个法子，令达赖或班禅同驻藏大臣一起，共同从选出来的数人中签掣一人。乾隆帝说，用这个办法“不动声色以成之，去转生一族之私，合内外蒙古之愿。当耄近归政之年复成此事，安藏辑藩，定国家清平之基于永久，予幸在兹，予敬亦在兹矣”。

这块碑，现在依然矗立在雍和宫的院子里。

陆

如果不是亲眼所见、亲身感受倾盆大雨突然降落紫禁城的情景，怎么也想象不到那是一种怎样的惊心动魄、惊天动地的景象！那雨绝对不是从天而降的，是从一座座宫殿的上方向四面喷洒下来的。当倾盆大雨泼在连绵起伏的大屋顶上的时候，激溅起来的灰白色的雨雾便笼罩了整座紫禁城。这时候身处紫禁城的任何一个角落，你会看见云烟、雨雾在一座座宫殿的大屋顶上集聚、涌动、翻腾，笔直的墙脊、屋脊，弯翘的飞檐、大吻、脊兽，各样各色的龙，个个在云烟雨雾里时隐时现。你会觉得，云雾雨水就是从大屋顶上生出来的，雷鸣电闪和翻腾云雨的风就是那些见首不见尾的龙、脊兽、大吻、螭首发出来的。看看吧，上万间房屋，数千个屋顶，数万条屋脊屋檐，数十万、上百万的滴水喷洒出的水柱交织成的万檐飞流，数千个昂天的螭首吐出水流的千龙吐水，那是怎样的集体哭泣的泪雨滂沱！听听吧，急雨敲打光滑的琉璃瓦的声音、水帘水柱冲击砖石地面的声音、水流在明槽暗沟间奔窜的声音，风雨交加、雷鸣电闪的声音，那是怎样的集体哭泣的号啕交响！

紫禁城数十万平方米的琉璃屋顶，数十万平方米的砖石地面，总计近百万平方米的范围，突然大雨倾盆，刹那间会汇聚起多少雨水？可是，不管多大的雨，不管下多长时间，几百年来，紫禁城中从未有积水之弊；紫禁城建成后多次遭火灾，但从未遭涝灾——紫禁城的规划设计者预设了规范、严密、实用的快速排水系统。

在这个意义上，紫禁城里的金水河是最唯美的也是最实用的——由西北至东南贯穿皇宫的内金水河不仅给威严肃穆的皇宫以灵动委婉之美，更重要的，金水河是紫禁城的排水总干渠。

挂在总干渠上的地下雨水沟总长一万一千米，总体上北高南低，相差一点二二米，具备快速的自流排泄能力。四周的城墙上面，外侧高、内侧低，雨水流向内侧，内侧墙砌出排水石槽。大殿前后宽敞的高台，中间高四周低，急落的大雨顺层层高台逐层跌落，流入院中。开阔的广场亦中间高、两边低，雨水分别向西南、东南流出。各宫院设明槽暗沟，由东西向支渠汇入南北向干渠，经主干渠汇入总干渠金水河。靠近中轴的暗沟较浅，零点四至零点五米，越向外越深，可达一至二米。由浅渐深，沟沟相通，沟河相连，水大水小，通畅无阻。

有了这样的排泄体系，再大的雨水也能容得下、排得出，再多的雨水泪水也能在顷刻间消化得无影无踪，再多的污秽血腥也能在顷刻间冲刷得干干净净。有了这样的防范体系，再也不必担心过多的雨水会浸泡紫禁城，更不必担心集体的滂沱与号啕会撼动紫禁城。

急风暴雨撼动不了固若金汤的紫禁城，也不可能给紫禁城留下什么明显的痕迹，只会将辉煌的琉璃大屋顶冲刷得更加灿烂，将灰砖、青石、汉白玉冲刷得更加清爽。倒是那些不经意间慢慢飘洒的凄风苦雨，一点一滴地销蚀着紫禁城的角角落落。

天不知道什么时候阴沉起来，或许已经阴了好多天，或许一直这么阴沉着。好像有雨点、雨丝飘落了，宽宽的高高的大面积的红墙最先觉察出来。一点一点的雨点洒在干净的红墙上是最清晰的，一丝一丝的雨丝挂在单纯的红墙上是最引人注目的。点点滴滴的渗入，丝丝缕缕的洇湿，无论多大的墙面，一律深深浅浅的斑驳变化着，一直到所有的墙面都变得湿漉漉的。

亮晶晶的水珠开始出现了，像从厚厚的红墙里边渗出来似的，慢慢地向下移动，漫漫地向下流动。

雨不知什么时候不下了，冷风继续吹着，太阳慢慢地出来。所有的墙面又开始深深浅浅地斑驳变化着，先先后后地恢复成原来干净单纯的模样。

但有些痕迹留了下来。最初不易觉察，一次又一次地就明显起来。比如那些下流的雨水一次次留下的痕迹，那些一次次洇湿又一次次晾干的痕迹。这些痕迹往往留不在谁都看得见的大面上，它们往往只能退缩、隐藏在边边缘缘、角角落落间。

但太阳晒不掉，风吹不走。

仔细看看这些日积月累的洇迹水痕，有时候会发现其中一些凄美的线条、奇异的图案竟然出现在帝后臣子们的书法绘画里。还有一些雨水也留下了，留在不被注意或者根本看不见的红墙的缝隙里，留在红墙与灰砖之间的缝隙里，留在灰砖、青石、白石的缝隙里，甚至留在黄色的琉璃瓦间，滋生、滋润出一丛丛、一株株只要稍稍留心就可以看见的短暂的生命和生命的短暂的花。

那些从缝隙里长出来的草、开放着的花，如沙漠里的花草一样，虽然营养不良，不够鲜嫩艳丽，却够顽强，它们存留的时间似乎比御花园里的肥绿瘦红还要长久。

清晨的故宫太和殿广场

故宫太和门广场前的金水河

故宫金水河的汉白玉石栏

故宫太和门广场前的金水河

雪中的太和殿汉白玉石基

雪中的金水河

太和门广场雨景

宫殿倒影

故宫金水河的汉白玉栏杆

故宫御花园养心斋花意

故宫御花园花意

故宫畅音阁戏台

由故宫畅音阁望阅是楼

黄昏中的雨花阁

雨花阁上的金龙

文渊阁前池中雨意

故宫雨意

色

彩绘·光影

紫禁城是用强烈的色彩包裹起来的。不可想象的是，居然可以用这么强烈、这么大面积的金色、黄色、红色，还有赤橙黄绿青蓝紫的混搭。只有这么超常规体量的皇皇宫殿，才可以承受得起同样超常规色彩的渲染。

换言之，正是因为选择了如此鲜亮夺目、铺天盖地的大红、大黄、大金，以及其他也很鲜艳的五颜六色，与日月星辰、岁月流光相映生辉，才能与皇帝的宫殿相应相称、相得益彰。

壹

紫禁城给予人们的第一印象、第一感觉，亦即给予所有人的无法抗拒的强烈的视觉冲击，很难说清楚到底是它的建筑形态，还是它的建筑色彩？

正如它的名称一样，紫禁红无疑是它的主色调。紫禁城内所有的墙面、所有的建筑外立面，不厌其烦地一律涂抹成这样的大紫大红，行走其间，触目皆红，说是被淹没于红色的海洋并不为过。现在流行的中国红的说法，与此景观不无关系。而道路的地面、院落广场的地面、房屋的根基、十几万平方米的室内地面，则是灰色系列：灰白的石、灰的砖、深灰的“金砖”。若站在高处看，又变成满目皆黄了，那就是连绵铺排的金黄色的大屋顶。

以红为主色，红、黄、灰构成紫禁城的基本色。其实，这也是人们最常见的色彩，色彩学里的原色；但被紫禁城张扬到这样的极度，就使所有看见的人们目瞪口呆了。任何一种常态的东西，只要被反复地渲染，极端地铺张，足以改变人们的视觉、感觉，以至心理、思维；若再加以人为地操纵，垄断，则必然如此。如红色的围墙，几乎所有建筑的红色的外立面，包括门窗；黄色的屋顶、黄色的装饰，包括服饰，只能由皇帝及与皇帝直接相关或皇帝批准者使用。

但紫禁城并不满足以这样最夺目的色彩霸权张扬普天之下的唯我独尊。它还需要在这样的大红大黄中更为出色的色彩。它需要在最暗淡的地方，最能凸显出色的色彩，尤其是在经常被巨大的阴影笼罩着的那些地方。

仔细看看紫禁城中所有的建筑，所有建筑的金黄的大屋顶、大屋顶伸出的宽宽的、长长的屋檐与红彤彤的门窗之间的那些地方，有些是永远见不到太阳的地方——就是需要这样的色彩的地方。

当连绵铺排的金黄色的大屋顶与同样连绵铺排的红彤彤的门窗借着太阳的辉煌散发着耀眼的、刺目的光芒的时候，这样的色彩却和颜悦色、悠闲自在地以它们绚烂的微笑打量着眼前的一切；当黄的屋顶、红的门窗因没有阳光的照射而黯然的时候，当日出之前、日落之后，当阴霾笼罩、雪雨飘洒的时候，这样的色彩便大放异彩、笑逐颜开了——这就是紫禁城的彩绘、中国皇宫里的彩绘。这就是能使最暗淡的地方成为最亮丽最繁华之处的皇帝的彩绘。

紫禁城里到底有多大面积的彩绘，实在无法精确计算，只能大体上做一个统计：紫禁城建筑占地面积约十六万平方米，有彩绘的建筑占地面积约十四万平方米。每座建筑的彩绘部分、彩绘面积各有不同。大多数建筑，尤其是一组又一组建筑群落中体量较大的主体建筑，从外檐、斗拱、脊檩到天花，也就是整个建筑的上半部分，从外到里全都彩绘。能看到的地方彩绘，看不到的地方也彩绘。不少彩绘并不在一个平面上，木构件的角角落落都有——要想精确计算彩绘的面积的确太困难了。

中国的木建构本就复杂，皇宫建筑尤甚。皇帝的彩绘和皇宫的木构件一样复杂。按总的程序，依次有处理木构件表面，做地仗（地仗有使麻、使布、不使麻布等十几种），油饰垫层，磨生油，过水布，起谱子（设计构图、描画纹饰），打谱子，勾线条，沥粉，刷色，油皮，贴金，等等。从单项看，图案着色多达三十多种，油饰各色做法四五十种，仅朱红一色就有八种细目。总计各种工艺工序百种以上。在异常繁复的木结构上做异常繁复的油饰彩绘，繁复复繁复，奢华无以复加。

到底为什么要用油饰彩绘把皇帝的宫殿严严实实地包裹起来，最适用的理由自然是为了保护木构件，更重要的理由当然是极端地显示至尊与荣耀，还有无与伦比的华丽。就像皇帝要穿豪华气派的衣服，皇帝身边的人要穿华丽漂亮的衣服一样，皇帝的宫殿也要穿上豪华漂亮的花衣服。就像皇帝的衣服用料是最贵重的一样，宫殿彩绘的用料也是最精致、最昂贵的。

明史载，三大殿重修，诏征牛胶万斤为彩绘用。清康熙三十四年（1695）重建太和殿，据《太和殿纪事》载，彩绘用红、黄金箔一百二十八万张（每张约一百一十平方厘米），大青六吨，绿一点六吨，银朱一点八吨，桐油三十三吨，白面十七吨，油饰彩绘经费总计用白银四万九千余两。现在大修午门、太和门、太和殿、神武门，为修饰部分彩绘仅黄金就用去十几公斤，加厚金箔一百九十九万张。以此类推，再算上不断地修饰、油饰，整座紫禁城的彩绘到底用去多少珍贵的材料，实在无法计算。

宫殿的彩绘以青、绿、红、金为主色，其实几乎所有的色彩都用上了，用遍了。白色的汉白玉底座，红墙、红柱、红门窗，黄黄的屋顶，夹在这些单纯、庄重的色彩之间的花花绿绿的彩绘，花得格外出色，格外出彩，格外好看。

好看归好看，但绝不许为了好看乱了规矩，好看必须服从等级，一定得按着等级出色出彩。最高等级叫和玺彩绘，以龙凤图案为核心，大面积贴金，庄重辉煌，用于紫禁城中轴线上的大殿及其他宫殿区域帝后出入的殿堂；次一等级的叫旋子彩绘，因基本构图为漩涡状花纹而名，稳定中有流动感，多用于次要的宫殿、配殿、门廊等；再次一等的叫苏式彩绘，因源于苏州地区而名，布局灵活，题材广泛，山水人物，花鸟鱼虫，用于生活区域及宫廷花园间的亭台楼阁。

本出于等级规制的严格界限划分，及由此形成套路的程式化图案色彩管理，反使得紫禁城中触目皆是以至眼花缭乱的花花世界层次分明、有条有理。丰富变化中的局部的斑斓色彩与整体的斑斓色彩，被控制得和谐协调，花而不乱。

在无比宏大的紫禁城中，不只是黄的屋顶与红的门窗之间的彩绘连绵为不知何处是头何处是尾的条条彩练缠绕飘动在座座宫殿厅堂、亭台楼阁间，事实上，整座紫禁城全部被彩绘了，从上到下，从里到外。紫禁城上上下下、里里外外的所有色彩，共同组成一个彩练舞动的色彩缤纷的彩色世界——

环绕在紫禁城四周的宽宽的护城河是光泽粼粼、丝绸般柔软的蓝色彩练；

高高的、灰色的城墙，城墙上方向外一边齐齐整整的堞口，向内一边黄色的琉璃砌出的直直的边沿，如灰色的丝练镶上高雅的蕾丝花边；

紫禁城内一面又一面、一圈又一圈、一层又一层宽宽大大的红墙，红墙上黄的、绿的琉璃砖瓦组成的连续不断的墙脊；

红墙、墙脊夹着的长长的、蓝蓝的天空；

所有彩绘上方的黄黄的琉璃大屋顶的铺排；

所有彩绘的下方红门、红窗与一根根粗大的红柱的排列；

排列齐整、密布在一扇扇红色大门上的金色的或黑色的门钉；

在红色的墙面上不停地移动、变幻着的檐角走兽的黑色的影子……

花色、单色、冷色、暖色；轻盈沉静的阴柔之色、稳重强烈的阳刚之色；移动的色彩，变幻的色彩……

所有的色彩组合起来的彩练，不受时空、季节、气候影响的不褪色的彩练，不老的彩练，立体地舞动着，集体地舞动着，不知疲倦地舞动着；高低延绵，上下起伏，节奏明快，旋律舒缓……

“赤橙黄绿青蓝紫，谁持彩练当空舞。”毛泽东的诗句当然不是写给紫禁城的，但送给紫禁城很合适。至于谁持彩练，谁是紫禁城的舞动者，对于紫禁城来说，当然可以是至高无上的皇帝了；但并不是——一个接一个的皇帝轮换着，一直换到没有皇帝了，缠绕着紫禁城的彩练仍在舞动着，矗立在天地之间的彩色的紫禁城仍在舞动着……

贰

紫禁城是琉璃的世界，是放射着黄色光芒的琉璃的世界。

站在景山最高处从上往下看，四面八方林立的高楼、斑斓的色彩，遮不住紫禁城放射着的黄色的琉璃的光芒；退回到一百年前，北京城还没有出现新的建筑，还到处是灰色的平房的时候，想想吧，从空中往下看，紫禁城是灰色的波涛中浮动着的一座金黄色的宫殿；再往前，近六百年前，朱棣建成紫禁城后站在景山顶上四下张望，在他的感觉中，他的紫禁城一定是一座缥缈在苍茫的灰色大海中的金色的海市蜃楼，或者，他看到了硕大无比的金色花朵盛开在灰色的世界里。

多少年过去了，我们在高处依然能够看到在金色的太阳照耀下恍恍惚惚浮动着的黄色的光芒，就是那些被琉璃覆盖起来的连绵铺排的一座又一座大屋顶放射出来的。其实，不只是参差错落的大屋顶，从紫禁城的正门午门往里走，我们会看见，在这座金碧辉煌的宫城中，到处盛开着琉璃的花朵，越往里越多，越往里越“花”。

不知出于什么原因，至少是从安全的角度考虑，更多是为了营造庄严肃穆的皇家氛围吧，除了几处花园，不论前朝还是后宫，紫禁城似乎不大允许，至少不大鼓励花草树木的生长。可是，不论出于什么原因，作为日常行政生活的后半部分区域与前面的举行仪式的区域，总须有些区别才好。日日起居，天天行走，不一定非如前朝那般严肃、单调、冷静，要尽可能活泼些，丰富些；多些变化，多些花样。但又不准植树栽花养草，更不准豢养狗啊猫啊之类的宠物，即便是建筑，这个殿那个殿、这个宫那个宫，皇家规制下的造型色彩也不允许随心所欲、百花齐放、百家争鸣，那么，在覆盖着所有屋顶的琉璃上做文章就是最佳的选择了。

那个时候，单从建筑材料看，最高档、最尊贵、最易实行专造、专控、专供的，非琉璃莫属。从装饰功能、造型取意、光亮新鲜、经得起风吹雨淋，且风越吹越亮，雨越淋越鲜的特色看，亦非琉璃莫属。再从施工便利、绝对保证皇帝工程的优质高效考量，还是非琉璃莫属——不管多大面积，多大体量，多复杂的形状，多丰富的色彩，均可分解为一块一块的构件，制坯，着色，上釉，一并烧制而成，运往现场拼接组装，方便快捷。

整座紫禁城到底用了多少琉璃烧制的构件，到底有多少人为紫禁城制作琉璃构件，恐怕怎么想也不过分。紫禁城偏西南不远处的琉璃厂，从明朝一直叫到现在，因为那里是明成祖朱棣建造紫禁城的琉璃生产基地。紫禁城建成了，历朝历代的修修补补也离不开琉璃厂。乾隆帝大概觉得这个地方离他的宫殿太近了，他看见烧制琉璃的浓烟污染了明净的蓝天，他闻到刺鼻的气味影响了子孙们的胃口，于是下令将琉璃生产基地迁移到远离京城西郊的门头沟。现在那个地方有一个村庄叫琉璃渠村。

几百年来，琉璃厂、琉璃渠的泥土就这样源源不断地变成了数不清的黄的瓦、黄的砖，还有绿的、蓝的、紫的、白的瓦、砖及各式各样的形状，川流不息地输送进紫禁城，整齐地排列到皇帝的屋顶上，巧妙地安置在皇帝的屋脊、屋角、屋檐、墙脊上，灵活地砌贴在皇帝的门楼、门脸、墙面上。

太和殿的槛墙上，琉璃砖拼成龟背锦。重要宫殿的门旁边，琉璃砖装饰出五花山墙。九龙壁应当是紫禁城中，当然也是天下最豪华、最显赫、最威风凛凛的墙壁了。九条造型、色彩各异的巨龙，连同墙脊上的十一条，共二十条蛟龙腾跃在波涛翻滚、礁石海花海树突立的大海中。

据说琉璃烧制工艺中的兑色、配色是最具技术艺术性的，掌握这一绝技完全有可能赢得为皇家专造的权利而发家致富。身怀绝技的掌门人每当配料之时，便会登上高台以示高超，实际是害怕他人看取。并且，这样的技艺是只传儿媳不传女儿的。就在已经处于垄断地位的琉璃马家为乾隆帝组装九龙壁的时候，意外的事件发生了，其中一条龙身上的一块构件摔成了碎片，重新配色烧制绝来不及，延期改期万不可能，只能冒欺君大罪之险，秘密选一块木料雕刻配色应急。精明挑剔如乾隆帝者，验收时居然没有察觉，足见其造假技艺之高超。然而，假的毕竟是假的，最终逃不过时间的挑剔，现在，只要知道这个故事，谁都能从那条琉璃龙身上找出那块作假的木头构件。

在紫禁城中，开得最旺、最盛，怎么开也开不败的，正是各式各样的琉璃花。

御花园里降雪轩前的大花坛是用琉璃花砌成的，宁寿宫区乐寿堂后颐和轩前的花坛也是用琉璃花砌成的。乾隆花园符望阁前的碧螺亭上的宝顶是琉璃烧制的冰裂梅，冰裂纹上浮雕的梅花枝也是琉璃烧制而成的。

花坛中花园里的不论什么花，在北方寒冷的冬天统统凋零了，唯有琉璃花依然争艳斗奇。

乾清门、宁寿门、慈宁门两侧高大宽敞的八字影壁的正中，多种琉璃花草组成大大的花篮，像现在盛大庆典摆放的豪华鲜花花篮那样，似乎时时刻刻都在欢迎和欢送任何一位出入宫廷的人。紫禁城里几乎所有的大小宫门周围，都有琉璃花草盛开蔓延。生长最多的是既含宗教信仰又寓多子多福、高洁、清爽的莲花。还有花朵硕大饱满、高贵富丽的西番莲，也叫大丽花。象征富贵的牡丹、表示安居的菊花、宜男宜寿的石与兰草的组合，期望长久长寿的缠枝卷草，也是随处可以看到的。

让人惊讶的是，这些缺乏创意、寓意流俗的题材，竟然能够与宏大辉煌的建筑协调相处，相映生辉。此中的原因，想来是由图案的精致，比例的适当，色彩的和谐，造型的典雅成全的。好在一般人并不仔细考究其中的寓意，只是浮光掠影地分享感官视觉的愉悦。这已经足够了。皇宫里所有的装饰，让人们获得这样的体验其实是恰到好处的。如果一定要往深里探究的话，只要想想本来很美丽的琉璃花与俗气的寓意牵强附会在一起，人们从那些不断地重复开放着、生长着的花花草草表层获得的美感，就会随着深入的思考，像融雪一样，一点一点、一层一层，消解得干干净净。

叁

中国的古代建筑不管体量多大，都是用粗大的柱子撑起来的。紫禁城无比宏伟的宫殿群是用森林般的粗壮的柱子撑起来的。由于立面不承重，只要得到允许，一座建筑的任何一个面都可以任由建筑师尽情发挥，中国的窗户因而成为大同小异的建筑群中最活跃、最自由、最丰富的部分。

然而，从造型到色彩，紫禁城只给了建筑家限定的自由。不过，这已经足够了。高高大大的宫殿，给了门窗，也给了建筑家充足的空间。

不论窗里窗外，不论白天晚上，紫禁城的窗户总是特别引人注目的地方。尤其是旭日东升之时，火红的阳光照耀在到处可见的大面积的红门、红窗上，照耀在红门、红窗上的金框、金钉上，与粗壮笔直的大红廊柱一起，红光浮动，金光闪烁，满眼梦幻般的景象。

皇帝的窗户自然是等级最高的窗户。最高的等级中还有等级，不格外用心观察是看不明白的。紫禁城最重要的建筑集中在中轴线上。中轴线上最重要的太和、中和、保和三大殿的大窗窗棂造型全都是最高级别的三交六碗菱花形状。其次为双交四碗菱花形。正是这种基本没有多大变化——颜色没有变化：红色、金色；形状没有变化：三交六碗、双交四碗——的大面积的铺排、反复的铺排，铺排出紫禁城最炫目的艳丽辉煌。

除了那些用作肃穆活动的重要建筑的窗户一定要营造出至尊庄严的辉煌来，其余大小建筑的窗户在等级的范围之内，在豪华、尊贵、精致的范围之内，还是可以生出不少的花样来。于是，在紫禁城的东西六宫、南所北所、大小院落、斋堂书房、楼阁亭台间，圆形的、方形的（四方的、六方的、八方的）窗出现了；如意形、灯笼形、双连式灯笼形窗出现了；松形、竹形、梅形窗出现了；描金窗、雕花窗、嵌玉窗、嵌景泰蓝窗、嵌瓷片窗出现了；夹纱窗、双面绣窗、书画贴落窗出现了；堆石窗出现了；玻璃窗出现了；窗棂组成的回纹、球纹、万字寿字福字纹、冰裂纹、竹叶纹出现了——或齐整庄重地铺排，或眼花缭乱地变化，紫禁城里皇家的窗户，总是让人感叹装饰的华美而不大关注、甚至忘却了它们通风、采光的实用功能。

紫禁城中的窗户上出现了亮堂堂、明晃晃的玻璃大约是雍正时候的事情。突然发现窗外的太阳居然可使屋子里变得如此明亮，突然发现不用开门开窗就能如此清晰地看见屋子外面的人、院子、房子、屋脊上的天空，皇帝和他身边的人们不知怎样的惊讶。他们一定挨个儿地用手指轻轻地触摸那透明的叫作玻璃的东西，否则，他们难以相信真有一块东西挡隔在那里。不过，用不了多久，他们就挑出了玻璃的不少毛病。

比如，他们会说，在屋里做的事与在屋外做的事大多数时候是不一样的，在屋里说的话与在屋外说的话大多数时候也是不一样的，况且，每个人都有窥视的心理，在外面的想看清楚里面的，在里面的想看清楚外面的，里面的人使劲儿看外面，外面的人使劲儿看里面，没玻璃的时候，是怎么也看不着的，最不道德、最极端的也须冒险捅破窗户纸才行。可是，玻璃窗就方便多了，里里外外的窥视就是有意无意间的事了。

比如，他们会说，阳光、月光无遮无拦地洒到屋子里，那光色，那感觉，实在不如让绵软的纸过滤后来得无声无息，来得温柔温暖。

比如，他们会说，纸窗户上可以画窗花，可以剪窗纸，在宫殿的隔扇窗户上，臣僚们还可以书诗作画，这些叫作贴落的创作，能够近距离地让皇帝不止一次地看到，说不定哪一位的才华就横溢得被皇帝发现了。

比如，他们还会说，日光、月光将松、将竹、将梅、将花草树木的影子投到窗户纸上，那是怎样的疏影斑驳？单把那些各种各样的窗形窗棂投到青幽幽的金砖上面，就有无限的情趣……

也许这是一些很有说服力的理由吧，也许皇帝们不愿意让自己的紫禁城过分奢侈（那时候玻璃的价格十分昂贵，一平方米玻璃的价钱相当于一间五檩瓦房的价钱），他们只把无数的窗户、大面积的窗户中的小小的方框让给了玻璃，其余仍然保持纸窗的传统。

紫禁城中最重要的三大殿，庄重地屹立在宽阔的汉白玉三台上太和、中和、保和三大殿大铺大排的红彤彤的窗户上，始终没有允许大块的玻璃出现。如果真的出现了，真的把大殿的纸窗户统统换成明晃晃的大玻璃窗，不用说当时的人，就是现在的人，只要看见了，就不知觉得有多么的难堪。

事实正是这样，不必说古人了，就是现代人，可以说生活在玻璃世界里的现代人，仍然千方百计地保留对中国式的纸窗的怀念与回忆。他们会在透明的玻璃后面，挂上各式各样的窗帘；他们会把原本透明的玻璃，设计制作出纸样、纸感的效果；他们会用不同的纸，做出不同的灯罩灯饰来。

紫禁城的窗户、宫殿的窗户，毕竟是皇帝的窗户、中国的窗户，这样的窗户在中国人眼里除了亮丽光彩，可能并不觉得格外特别；可是在外国人眼里，简直神奇到不可理解，他们只好用“梦幻”和“仙境”来表达他们的直觉。

这样的感觉更接近紫禁城之窗的美感。

屋里屋外、里面外面，也就是一窗之隔，但这一隔非同一般。白天，外面的光穿过它点亮里面的世界；晚上，里面的光穿过它点亮外面的世界。只想想夜里的情境吧——在紫禁城广大无边的黑漆漆的夜里，一处又一处殿的窗、宫的窗，有些隐在黑暗中，有些在黑暗中亮起来了，此时此刻，不管中国人还是外国人，除了看到梦幻，看到仙境，还能看到什么？

肆

紫禁城里有一处特殊的地方——红楼梦的彩色画面，居然出现在西六宫里的长春宫。

长春宫的名字，是紫禁城初建时的原名。或许这个名字很适合作后宫名，到清代一直沿用。明代天启年间，李成妃饱受天启帝乳母客氏与宦官魏忠贤的残忍迫害之事，就发生在这里。长春宫又是乾隆帝终生敬重的、堪称“德洽六宫”（长春宫乾隆帝题匾）的乾隆皇后居住的宫室。皇后去世，灵棺亦停放于此，据记载，乾隆帝为皇后穿丧服十二天，还写了一篇悲情满满的《述悲赋》。同治年间，慈禧与慈安垂帘听政时同住长春宫。同治十年（1871），慈安迁出，慈禧独住。光绪十年（1884），慈禧五十寿辰时离开长春宫，迁回到早年居住的储秀宫。溥仪时期，光绪皇后隆裕为皇太后，住长春宫。年幼的宣统帝溥仪跟随隆裕太后住在长春宫西配殿。长春宫的最后主人，是逊帝溥仪的淑妃文绣。

不知何因，咸丰帝对长春宫情有独钟。咸丰九年（1859），慈禧生下咸丰帝皇太子的第三年，长春宫宫门长春门拆除，将长春宫前面太极殿的后殿改为穿堂殿，咸丰帝题额“体元殿”，两宫由此连通，这是第一次将独立的两宫两院合并为两宫一院的重大改建。咸丰十年（1860）春节刚过，咸丰帝特地在改建后的长春宫宴请十几位亲王重臣。长春宫的宫名、匾额也为咸丰帝题写。东西六宫中，只有长春宫留下了咸丰帝的笔迹。这些，也许是慈禧、慈安垂帘听政时选择住在长春宫的原因。同治十二年（1874），慈禧四十寿辰，长春宫再次重修，添建了两侧游廊。慈禧五十寿辰时，长春宫正殿对面、体元殿后面，建起了一座戏台。长春宫院落，最终形成现在我们能够看到的格局：正殿面阔五间，前出廊；东配殿为绥寿殿，西配殿为承禧殿，各三间，前亦出廊；与四角的转角廊相连，整座院子游廊环绕，连通各殿。坐在游廊里，坐在正殿的屋子里，就可以很舒坦地看戏了。

戏台游廊已够特别，更为新鲜的是，四角转角游廊内墙壁上连绘十八幅《红楼梦》题材大幅壁画。壁画与墙齐高，宽度各异。画幅内容为大观园景象人物。据红学研家们辩考，“贾母游园”“梦游太虚”“金兰黛钗”“潇湘幽情”“宝钗扑蝶”“湘云醉酒”“晴雯撕扇”尽在其中。

红楼梦诞生以来规模最大的一组壁画，竟然出现在皇帝的宫殿里。迄今为止，恐怕也属规模很大的，何况是在皇宫里，这实在是一件关于《红楼梦》的奇异之事。即使不是出自慈禧太后的创意，这一创意也肯定博得了她的欢心和奖赏。有论者说，这主意出自不安分的珍妃，珍妃联名她的姐姐瑾妃向慈禧太后提出，因为她们知道，慈禧是个《红楼梦》迷，肯定会为此很高兴。无论是附会风雅还是真心喜欢，不管真看假看、真懂假懂，说起《红楼梦》，慈禧太后至少可以自比贾母，且自觉比贾母的气象大得多。贾母居高临下的不过是一个府，慈禧太后颐指气使的可是一个皇宫、一个天下！

不管原创者是谁，结果是这一创意真的实现了。至于是让谁绘制的，不得而知。如意馆里有的是画师，《红楼梦》里有的是图绘参考。画师们各显神通，将游廊的长廊、廊柱、栏杆、门窗甚至屋檐及其内饰等建筑实体融入大观园的虚拟空间中；又将大观园的虚拟空间融入长春宫的实体建筑与景观之中。

每逢节庆，或慈禧太后生日时，戏台演戏，游廊看画。是戏是画？是戏入画还是画入戏？是从长春宫走进了大观园，还是从大观园来到了长春宫？置身其间的人们，刹那间便成为画中画。

借实景入虚景，借虚景入实景，幻象成真相，真相成幻象，太虚幻境、瑶池西母，大观园的真假、紫禁城的真假，在粉墨登场与姹紫嫣红的亭台游廊殿宇中难分难解了。

真的是绝佳的环境、艺术、设计综合型作品。不过，虽有如梦如幻之美，一时梦幻而已。长春宫里的红楼梦，实乃慈禧的虚幻之梦、皇宫的虚幻之梦，白茫茫大地真干净的梦醒时分很快就到来了。

然而，《红楼梦》的色彩，毕竟融入并保留在紫禁城的色彩里了。

伍

紫禁城东六宫中的延禧宫，不仅是东西六宫中最另类的宫院，也是整座紫禁城中最特殊的一处建筑。

从景仁宫门前的长巷向东，右侧宫院连绵的后檐与左侧宫院的院墙、大门并无特别之处；但是，一跨进延禧宫的大门，忽然疑心自己走错了地方：迎面一座黑褐色金属框架结构高高矗立在院子正中。不看说明牌，简直会质疑故宫博物院怎么会在这个地方展出现代装置艺术呢？

紫禁城落成之初的延禧宫，和其他的后宫宫院完全是一样的模式，并无特别之处。明初名为长寿宫，后改名延祺宫，清代改称延禧宫，康熙年间重修也未有大的变动。道光二十五年（1845）五月二十二日夜半，延禧宫突发大火。失火原因是，前院东配殿为厨房，两个炉灶安置在南间靠山墙处，墙内有出烟的烟筒，墙壁装有墙板，两灶烟筒年久未修，酥裂变形，以致冒烟熏燃墙板，引起大火。经扑救，火势虽然没有蔓延到东边一带的缎库、茶库等库房，但将近两个时辰的大火，延禧宫前后院正殿、配殿共二十五间化为灰烬。

在此后的近三十年里，延禧宫一直是废墟一片。

同治十一年（1872），旨令延禧宫工程俱照旧式修建，但因种种原因，主要是库银紧张，物料购办不齐，复建工程未能进行。延禧宫继续废墟着。

一直到宣统元年（1909），废墟了六十四年，经历了五朝皇帝的延禧宫出现了转机。这时候，住在长春宫里的末代皇太后隆裕太后，做光绪帝的皇后时不得宠、不如意，当了小皇帝溥仪的太后，总想仿效姑妈慈禧太后做点什么事。其他事学不来，如大修储秀宫那样的事，还是可以做的，也好显示一下自己的存在感，这大概是产生重建延禧宫的动因吧。隆裕太后还想弄出点超过慈禧的新鲜花样，于是，在延禧宫废墟上建一座“水晶宫”的创意出笼了。

隆裕太后不可能有如此别出心裁的想法，但她可以做出决定。

也不知她到底听的谁的主意，请什么人做的设计；但有一点是肯定的，出主意的和设计的出过洋，见过欧洲某种水宫殿之类的建筑，或许设计图纸就出自洋人之手。

可惜，隆裕太后生不逢时，事不逢时，好不容易有个新奇的理想，很快就因大清帝国的终结半途而废了。

从留存到现在的半拉子工程可以知道，隆裕太后在废墟上修建的是一座三层西洋式水宫殿。四周引水环绕。主楼每层九间。底层四面正中各开一门，围廊连通。主楼四角各接三层六角亭一座。整体框架均由铁质构件组成。汉白玉座础、墙基、门廊、柱头敦实稳重，雕刻精致。外墙雕花，内墙贴白色花色瓷砖。底层铺设玻璃地面，四围玻璃墙夹层中蓄水养鱼，荷藻浮动，游鱼历历。

隆裕太后为此题写匾额“灵沼轩”，又称水晶宫。宣统元年，“灵沼轩”开工；二年（1910），隆裕太后下令西苑电灯公所给延禧宫安装电灯、电风扇、电暖炉。所有工程皆因国库空虚、时局动荡，到宣统三年（1911）尚未完工，后即终止。

1917 年，张勋率“辫子军”入京进宫，拥戴十二岁的逊帝溥仪于紫禁城重登皇位，复辟帝制。段祺瑞组织讨逆军，派一架飞机从南苑空军学校机场起飞，飞到故宫上空，扔下三颗炸弹，其中一颗炸中延禧宫北部的建筑，吓得溥仪“再也不敢当皇帝了”，而延禧宫则愈发废墟化。

隆裕太后本想在六十多年的废墟上建立一座新颖别致的水晶宫，没想到建立起来的是旧废墟上的新废墟，更没想到旧废墟、新废墟叠加起来的新旧废墟会一直废墟下去。

尽管废墟不断，可延禧宫还是在不断地求新出新。末代皇太后以后的延禧宫新攻略一个接着一个地出现。1931 年，中华教育文化基金会和中法教育基金会捐款二十五万元，资助故宫博物院在延禧宫原址修建文物库房。当年 6 月开工，年底完工。矗立在院子中间的“水晶宫”遗迹仍旧保留，北面与东西两面建库房。库房为上下二层，内里钢筋水泥结构，外形与周围宫院协调，屋顶也是黄色琉璃瓦，总建筑面积一千五百平方米，是当时故宫博物院最好的文物库房。库房落成后，院藏珍贵文物多集中于此，后较长时间为书画藏品库房。

延禧宫最新、最大的变化是故宫博物院成立八十周年院庆之际。2005 年 10 月 10 日上午，延禧宫举行故宫博物院古书画研究中心、故宫博物院古陶瓷研究中心及古陶瓷检测研究实验室成立大会。古书画研究中心的“十年入藏书画精品展”“《清明上河图》专题展”，古陶瓷研究中心的“故宫博物院藏清代御窑瓷器展”“故宫博物院藏中国古代窑址标本展”开展。特别是古陶瓷研究中心，这是故宫博物院老中青几代古陶瓷研究者同心协力、精心筹划、充分准备建立起来的。当采集自百余处古陶瓷窑址的瓷片，等待黏对的陶瓷实物资料，成系列的清代御窑瓷器，产自美国、法国、德国、荷兰、日本及中国的仪器分析设备，琳琅满目地出现在标本陈列室、观摩室、实验室之时，让所有中外见证者眼前一亮，惊叹不已。我兼任主编的《紫禁城》特别编辑推出了一期“古陶瓷研究中心成立特刊”（《紫禁城》2005 年第五期）。我在“特刊”前一期的《紫禁城》

封底预告中，很是兴奋地写了这样的广告词：“一百四十四个窑址，三万余古陶瓷片，十八件古陶瓷孤品，二十位客座研究员；最大范围的中国古窑址实地调查，最丰富的中国古陶瓷瓷片标本，最能填补空白的古陶瓷实物资料，最成系列的清代御窑瓷器，最高端的科技钻研最古老的瓷器，最权威的陶瓷专家评估，最具价值的陶瓷文化资源。”虽为广告，实无半点夸饰。

延禧宫的巨大变化，是昔日皇宫转型为现代博物馆的小小缩影。

隆裕太后留给紫禁城的奇异色调——继续废墟在院子里的精致的汉白玉雕刻和高高的黑褐色金属框架，不动声色地见证着历史的变迁。

陆

虽说紫禁城里容不得生命的自由生长；在主要的场所，特别是在举行隆重仪式的大场面里看不到花草树木，看不到生命的绿色；但在边缘地带，还是点缀了一些绿色的顽强的生命。

一场大雪压断了紫禁城最北部的御花园里的不少树枝，故宫博物院研究明清家具的一位专家拣出一根杯口粗的柏树枝，数数年轮，足足一百六十年。御花园里、紫禁城中，碗口粗、桶口粗、一人合抱、两人合抱的古树老枝多的是。

乾隆年间的《日下旧闻考》记：御花园内珍石罗布，嘉木葱郁，又有古柏藤萝，皆数百年物。乾隆帝《咏御花园藤萝》诗中有“禁松三百余年久”句。大概御花园里既有古柏藤萝，又有古松藤萝。现在御花园的古柏藤萝在东侧的万春亭北。不知从什么时候开始，枯死了的或者老死了的连理古柏枝干，被年年嫩绿一回的藤萝攀缘缠绕。

可以确切算出时间来的，是枯柏藤萝的北边，摛藻堂与堆秀山之间的一株古柏。据乾隆帝自己说：他在下江南的船上做了一个梦，梦见御花园里的这株柏树跟着他下江南了，江南太阳如火，这柏树就站出来为他遮阴，回宫后乾隆帝特地到御花园看望了这株柏树，并亲封此柏为“遮荫侯”，还写了一首诗：“摛藻堂边一株柏，根盘厚地枝拿天。八千春秋仅传说，厥寿少当四百年。”时在乾隆十四年（1749），从那时至今，又过了二百七十多年了，就按四百年加二百七十年算，至少六百七十多岁，可知这“遮荫侯”是元朝的遗老了。“御园古柏森森列”中不少看样子比“遮荫侯”还要苍老。想想这地方曾是元皇宫的区域，它们比紫禁城还要苍老许多也在情理之中。

对于没有几处绿荫的、巨大无比的紫禁城来说，最后面的御花园、东边的乾隆花园、西边的慈宁花园和武英殿东侧的十八棵槐一带，真是毫无生气的红色紫禁城里仅有的几片生机盎然的绿洲，弥足珍贵，更不用说生长在这些地方的这些三朝四朝的“元老”了，理应得到历朝历代的仔细呵护，悉心关照。

按照现在的对列入文物级的古树名木的挂牌保护管理办法，紫禁城里年龄三百年以上挂红牌的一级古树一百零五棵，年龄一百年以上挂绿牌的二级古树三百四十三棵。其中柏树最多，依次为松、槐。想来，除了取其长寿常青的寓意外，与柏树含“百子”音、意，与周代宫廷植三槐、三公面三槐而立，后来的“三槐”代“三公”及“槐荫”相关。御花园里的龙爪槐正好是三棵，最大、最老的那棵，主干周长达一百六十三厘米，据说树龄至少也在五百年以上。虽说五百年只长了三米高，但盘结如盖、老态龙钟的枝干绿叶年年槐荫罩地。

武英殿东的金水河上，有一座至迟建于明初、也可能建于元代、至少是使用了元代构件的断虹桥，桥北的植于明代的十八棵槐，老干新枝，不论春夏秋冬地映掩着白桥、红墙、黄瓦，为紫禁城笼罩出一大片难得的安宁清爽之地。

皇宫正西，与三大殿并列的慈宁花园里的两株银杏，树龄均在三百年以上，夏绿秋黄的大树与浮在水中的精致的临溪亭，与花园北边慈荫楼、咸若馆、宝相楼里不时传出的修养中后妃们的念经声相生互动，别是一番寂寞的风景。

紫禁城最西北角的英华殿前左右两侧，枝叶茂盛的菩提树铺排了半个院落。这树，据说是明神宗生母李太后亲手栽植，当年肯定是一边栽一棵的；几百年后，竟繁衍成两片小小的树林，可谓一树成林。每年盛夏，黄花烂漫，有籽缀叶背，秋天落地，若豆粒，色棕黄，光滑莹润；年复一年，大多成了宫里人诵经的串珠。因籽粒类菩提籽，乾隆帝命名为菩提树，大家也都这么叫了，那籽粒，因此便愈见珍贵。其实，它的真正名称是小叶椴树。

从坤宁门出往御花园走，门两侧各有楸树两株卧在土里，树不高，可根部已经非常非常老了。传说它们是清朝的皇帝从东北老家移来的，此后，征战各处，凡胜，必带当地土回宫，培于树下；土堆便越来越高，树变矮了，但楸树的地位更高了。

还有一株有名的楸树在东面的乾隆花园里。乾隆帝在紫禁城中给自己修花园，为避让、保护原有的一株楸树，把设计中已定位的建筑往后移了移，让树冠华美的楸树立于门侧，并为该建筑取名“古华轩”，并亲手书金字匾悬于上。

御花园中有名的绛雪轩则是因轩前的五株古海棠得名的。乾隆帝为此写诗多首。作于乾隆三十二年（1767）的《绛雪轩》中有这样的诗句：“绛雪百年轩，五株峙禁园。名轩因对花，取意缘体物。”算来这古海棠至迟康熙初年就有了。确实也有记载，康熙帝春日赐宴于内苑，就曾“观花于绛雪，玉树临风”。花苞如胭，花开如脂，花飞如雪，的确是喝好酒、吟好诗的好景象。可惜这样的好景致早已消失，现在正对绛雪轩的不是“丹砂炼就笑颜微”的香雪海，而是一丛不怎么惹眼的灌木太平花。在春末夏初的和风里，倒也能开出一堆素雅清甜的小白花，然而，那气势可就差多了。不过，宫里的人却很看重，把太平花称作“瑞圣花”，甚至把宫廷的命运与它们联结在一起。花若开得繁盛，天下就祥和太平。英法联军抢了烧了圆明园，废墟间竟有太平花开放，光绪帝专陪慈禧太后去观赏，群臣聚会赋诗，以为大清国就要“复兴”。1911 年，御花园里的太平花开得格外繁茂，紫禁城里最后一位皇太后隆裕高兴得不得了，可是没过多久，她就被迫为六岁的末代皇帝签发了“退位诏书”。

有时，人们会看见从高高的红墙上探出绿色的树枝，到了秋天，还会看见绿色的树叶间露出红了半边脸的枣儿。据说，主要在紫禁城西北角一带，主要供退居偏安的太后妃嫔们生活的寿康宫、寿安宫、慈宁宫、英华殿区域比较空闲的地方，栽种着一些比较实用的枣树、柿子树、核桃树等，大概和这些树的名称，和它们能长出累累的果实有关。既然实用，就不会太长久。现在在那些地方看到的许多枣树、柿子树，大多栽植于20世纪60年代，据说和那时候国家遭受的困难有关，和想要多少解决一点生存生活问题有关。半个世纪很快就过去了，这些树也老了，在枝叶果实落尽的多雪的冬天，它们把铁划银钩般的枝干刻在苍老的红墙上。

常常看见人们欢欢喜喜地在御花园里一株又一株的“连理柏”前照相留影。其实，帝王们并不关心“在天愿作比翼鸟，在地愿为连理枝”的世俗意愿，他们关注的是史籍中“王者德化洽，八方合一家，则木连理”的记载，相信的是“木同木异枝，其君有庆”的说法。于是，下边的人便用人为扭曲的手段造出天示的祥瑞来——钦安殿前的“连理柏”是把分植的两株从上面拧在一起，万春亭旁的是把一株从中间劈开分植两处，让上边仍连着。那拧起来的结、那劈开的伤痕，不管过去多少年，仍显露得清清楚楚。

人们更惊奇于一株又一株松柏的躯干上为什么布满那么多瘤状物而凹凸不平？没有其他的解释，只能说被扭曲的生命见证了无数被扭曲的生命而更加凸凹不平，太苍老的生命见证了太多的苍老而更加苍老。正是这些苍老的生命，用它们的苍老、苍劲、苍翠与红墙黄瓦的绝色组合，与流动的风，与漂移的太阳、月亮光影的绝色组合，无声地抚慰着寂寞的宫殿。

紫禁城中最能震动人们的还是这些比紫禁城还长久，至少与紫禁城同龄的生命。经历、阅历就是资本与力量，尽管它们中有些已经停止呼吸。我看见无数的旅游者、参观者团团围绕在仍然枝繁叶茂和虽然已经枯干依然顽强挺立着的苍老的松柏周围，久久不肯离去；我自己也如此。人们之所以对它们肃然起敬，因为谁都知道，只有它们看遍了紫禁城里的二十多位皇帝一个个怎样地走来，一个个又怎样地离去……还有无数的后妃、宫女、太监，一个个怎样地走来，一个个又怎样地离去……而当狂风大作，黑云压向紫禁城之时，人们抬起头，看见那些早已枯死的黑黑的枝干不屈不挠、清晰坚强地向阴云密布的天空伸去的时候，便立刻更加敬畏起这些生生死死、生死死生的“生命”来。

柒

紫禁城北的景山上的确是眺望紫禁城的最佳位置，尤其是在下雪的季节看雪中的紫禁城，看雪后的紫禁城。

只有雪色能够改变紫禁城的色彩。

云暗天低，雪花纷扬起来，便立刻朦胧了紫禁城天上人间的界线，朦胧了古往今来的时空，朦胧了宫殿庭院的高低宽窄大小，朦胧了皇朝的礼治、权威的尊严、人臣的等级，朦胧了皇室与平民的分隔与距离；犹如紫禁城属于皇帝的黄色的琉璃瓦屋顶，紫禁城周边一座座王府中属于达官贵族的绿色的琉璃瓦屋顶，再远处属于普通百姓的灰色的屋顶统统被同样的白雪覆盖了那样。虽然是暂时的，人人都明白，皇帝更明白，但在飞雪的世界里，总会生出些别样的异样的情态来。

端坐在龙椅上的皇帝隔窗而望，有可能突然发出一道“圣旨”，喝住了纷乱的雪花中纷乱的扫帚，喝退了面目不清纷乱的扫雪的太监们。他突然反感起臣僚与太监们的殷勤，他不想让他们的殷勤搅扰这上天赐予的难得的纯净与宁静。皇帝起身走到养心殿的庭院中。他虽然发现了自己留在雪地上的脚印与大臣与太监的脚印没什么区别，不过，他的心境还算不错。他把他漂亮的后妃们及皇子们召来，让他们在雪花中、雪地里尽兴。如果恰值元日元宵，他会传令春节灯节要更热闹些；他希望听到纷纷的雪花中爆竹噼啪乱响，看到爆竹的纸屑与雪花一起飞扬，闻到雪花中弥散开来的清爽又浓烈的火药的刺激的味道。他突然变得亲切起来、慈祥起来，他会顺手写出一些柔润、温馨、祥瑞、和谐的诗句来，还会写出一幅又一幅不大不小的"福"字，随着飘舞的雪花，送给他身边的人们。

纷纷扬扬的雪花在紫禁城的每一个角落舞动起来的时候，在一派朦胧的景象中，似乎一切都消解了，一切都消失了。其实一切皆在，或者更加真切。

仍然可以站在景山最高处的万春亭前观望。如果你在晴天丽日时也观望过的话，你会发现一个奇怪又令你无比惊讶的景象——在晴朗的天幕底下，古老的紫禁城似乎陷入现代高楼大厦的谷底；在大雪纷纷的此时此刻，一切现代的建筑一齐面目不清了，甚至退缩得无影无踪，而宫殿高低错落、铺排宏大有序、线条清晰流畅、轮廓典雅秀美的紫禁城却如迷人的海市蜃楼般奔来眼底。洋洋洒洒的大雪不仅遮掩不住它的容颜，反而渲染了它的丰姿。不管是距离的原因，还是心理的原因、视觉的原因，或是别的什么原因，总之，凡是有此经历者，都会思索——紫禁城，这座最经典的中国古代建筑，为什么具有如此穿透时空的魅力？

这时，你从景山下来，在纷纷的雪花中沿紫禁城宽达五十二米的护城河行走。冰面的积雪已经使得护城河更为开阔。透过飘扬的雪花，看得清河对面深灰色城墙的墙面上已经挂起累累的雪团。横在乱雪中的一线堞墙如锁链般清晰整齐，被锁定的、威武的神武门城楼与玲珑的角楼，在飞舞的雪花中愈显出遗世独立的势态。雪花越墙而过。神秘的宫殿近在眼前又遥不可及。

这时候，与神武门南北守望的午门前，午门城楼与东西雁翅楼、与阔大的紫红色的墙体墙面合围而成的巨大的敞口式广场更加雄浑整肃。密密麻麻的雪片旋转翻动出一派浑然浩然的境界。谁都用不着怀疑，再多、再大、再密的雪，不论是狂乱的还是轻盈的，都可以集中在这个地方，这个地方总可以从容地容纳吞吐。

六百年前，就在午门城楼刚刚竣工的第一个元宵节，明成祖朱棣在午门前高搭彩阁，燃放焰火，与民同乐。不料焰火烧着了崭新的城楼，还烧死多人。那一年肯定没有出现“正月十五雪打灯”的瑞象。尽管如此，后来的皇帝们仍然会登临午门城楼。雪中的元宵灯节分外隆重热闹。高高在上的皇帝乐意看着他的臣民在雪地里点亮花灯。通体亮堂的长龙与飞雪共舞。

不知过了多少年。世界著名的三大男高音的终生梦想实现了。21 世纪的第一年，帕瓦罗蒂、多明戈、卡雷斯在午门广场高歌《今夜无人入睡》。他们也有遗憾。如果是在飘着不大不小、不紧不慢的轻柔雪花的元宵节，一流的现代灯光师把古老的城楼幻影为无法复制的背景，世界上最著名的男高音的嘹亮歌声在曼妙的飞雪中直上河汉，那会是怎样的浑然、浩然啊!

紫禁城内长达两千米的蜿蜒起伏的金水河在飞雪中舞动了。到处可见的檐宇四角的走兽、屋脊上的龙吻、嵌在基石间的螭首、数不清的石雕栏杆上的云龙云凤、九龙壁上的九龙、青铜狮子、青铜兽面、铜鹤铜龟，所有的动物雕塑、雕刻，统统摘去威严的面具，一齐被飞雪舞动起来。

殿前殿后的云龙石雕上积了雪，还没有被完全覆盖，你便看见也知道了什么是神龙见首不见尾。在保和殿后面那块重约二百五十吨的云龙石雕前，你会想到这块最大、最重的石块如何被运进紫禁城的故事。如果那一年下了一场铺天盖地的大雪，数万民工就用不着掘井泼水做冰道了，他们只要将雪道压成冰道就可以将这块巨石滚运进北京。

数倍于午门广场、面积达三万平方米的太和殿广场上，长长的御道被白雪覆盖，遍体沧桑的无数的地砖被白雪覆盖，一派洁白的广场无比空旷，融入雪色的汉白玉三台托起的太和殿巍峨而缥缈，一排又一排石雕望柱顶端的积雪一点点加厚。“高处不胜寒”的感觉顿时袭来。紫禁城东北的一个角落里，珍妃被推入井中（现在叫“珍妃井”）的井口也被白雪覆盖了，而所有经过此处的人都感受到直入骨髓的冰凉。

纷纷扬扬的大雪终于完全覆盖了紫禁城，覆盖了几百年来纷乱的脚印和明灭的灯火，覆盖了争权夺利的动乱与朝代的更迭。当纷纷扬扬的大雪安静下来之后，紫禁城被覆盖得如此静谧，如此安逸，如此干净，如此完整而完美，仿佛什么也没有发生，只留下伟大的建筑在纯洁的世界里尽情地展现它的完整与完美。

纷纷扬扬的雪应当不停地落下，下得再大一些，积得再厚一些，紫禁城承受得起。在这座宏大无比的中国宫城中，再大的雪也不显沉重，再厚的雪也不显冰冷，再狂乱的雪也不显肆虐。上下一体、河山共色、天地莽莽原本就是紫禁城的境界。

可是，在没有人希望停下来的时候，大雪停止了。停得那么突然，那么匆忙，那么猝不及防。

突如其来的一阵又一阵的强劲的风迅猛地扫荡了沉重的冬云。紫禁城上空的天突然变得格外的蓝，紫禁城上空的太阳突然变得格外耀眼。格外尖刻的风在紫禁城宽宽窄窄、长长短短的通道间急速地窜来窜去。空气格外的纯净、凛冽。紫禁城中所有人的头脑突然变得格外的清醒、理智、现实，格外的亢奋、不安、冲动。

剧烈的变动之后，一切归于平静。紫禁城中的人们突然发现从来没有的明朗，从来没有的清晰，从来没有的鲜艳。

被厚厚的白雪严严实实地覆盖着的所有的高低错落的屋顶一律闪烁着炫目

的、白色的亮光，被厚厚的白雪严严实实地覆盖着的所有的砖石路面、高台平地一律闪烁着炫目的、白色的亮光。在上上下下的炫目的白光之间，那些被太阳照亮了的红色的廊柱门窗，那些被屋檐遮映得半明半暗的红色的廊柱门窗，以及那些无处不有的大块大块的红色的墙面，一律闪烁着炫目的、红色的亮光，从炫目的白光间跳了出来，从四面围拢而来。不论在东西六宫一座又一座精致的院落中，还是在开阔的太和门前、乾清宫中，此种感受都很强烈。当你一个人静静地站在湛蓝湛蓝天宇之下的太和殿前时，此种感觉就更为强烈了。而当太阳初升的早晨和太阳西下的傍晚，站在同样的地方，你会感受到另一种奇异的景象——上上下下炫目的白光镀了一层金，上上下下的白光之间炫目的红光镀了一层金，四面八方一派炫目的灿烂辉煌。

这个时候，你会惊异，如此纯粹的色彩能给你如此惊心动魄的感受，你会感受到从来没有过的博大与雄浑，你会感受到从来没有过的气壮神往，你会发现你自己忽然产生了从来没有过的想做一些重要的事情的强烈愿望。当然，你也有可能感受到从来没有过的寂寞、孤独与渺小。

当你终于冷静下来的时候，当你明白你置身于伟大的建筑之中的时候，当你发现你的所有感受来自你周围的一切的时候，你终于明白，或者你终于清醒地意识到，紫禁城的建筑家们为什么把所有的宫殿区域里四面合围着的所有的廊柱门窗及大面积的墙面统统交给了红色，交给了被今天的人们称之为“中国红”的色彩。

厚厚的积雪在辉煌的太阳的照耀下，在火焰般明亮温暖热烈的“中国红”的渲染中闪闪烁烁地开始融化了。

一座座屋顶上一条条笔直的屋脊两端的一个个龙吻昂起张扬的头和张开的嘴巴。高耸的屋脊上、墙脊上的积雪大片大片地滑落。大屋顶上的瓦垄渐渐显出凸凹的行列。过不了多久，连绵的屋顶上铺排着的无边无沿的琉璃瓦闪现出明明暗暗的、金色的光泽。广场上一块接一块地露出来的湿润而新鲜的褐色地砖更显得饱经沧桑。被无数的鞋底打磨过的石头御道湿漉漉地又滑又亮。

太阳更亮，白雪更白，红墙更红，黄瓦更黄。红墙黄瓦点缀着白雪不知不觉地幻化成白雪点缀着红墙黄瓦。

雪溶化得更快了。雪水变成冰，又化为水，又变成冰，再化为水。一丝丝地，一点点地渗下去。像太阳的影子一样，像流转的时光一样，一丝丝地，一点点地渗下去，渗入一行又一行金黄色的瓦垄中，渗入一面又一面紫红色的宫墙里，留下一缕又一缕几乎寻觅不到的湿痕来。

紫禁城内融雪的冬天比紫禁城外的冬天更加凄冷。冻雪覆盖了紫禁城的时候，深宫大院里许多太阳永远照不着的地方的积雪，一直到春风吹过之后也难以化掉，即使是那些大屋顶上的积雪的融化也变得反复无常。

太阳升得很高了，屋顶上的白雪白得耀眼，静悄悄地化出的雪水先是洇湿了屋檐的滴水，接着一滴一滴、亮晶晶地掉下来。太阳落下去了，寒风吹起，正要掉下的水珠不动了，顺着滴水凝结起来。太阳一天又一天地升起，一天又一天地落下，水滴一天又一天地融化与凝结，一排排长长短短的冰柱便像尖锐的冰锥一样，悬挂在一座座宫殿的屋檐下了。

沉重的夜幕把雪压冰悬的紫禁城沉入黑暗里。大小殿堂的窗户开始亮出橘红的光。一个个红彤彤的宫灯让一排排长长短短的冰锥黄中透红，晶莹闪烁。这时候，几乎谁也看不见的艳美与冰凉会像冬夜里的寒气一样，穿过门窗，穿过锦缎帷帐与丝绸服饰，弥漫在宫殿的深处，渗入到肌肤的深处。

大雪终于消失得无影无踪。可以让人生出无数关于大雪的回忆的残雪，只有在太阳永远照不到的角落里，在东西六宫狭长的阴暗的通道中，在曲折蜿蜒的金水河的冰面上，在慈宁宫、慈宁花园枯萎的草丛里，在神武门两侧的城墙根，在护城河边的石缝里，静悄悄地存留着。

一切又回归了，一切又复原了。大雪飞扬的朦胧的诗意被大风吹散，大雪覆盖的柔和的温馨被冷漠驱逐。岂止是复原复归。整个紫禁城像被潮湿冰凉的抹布擦过一样。更红的高墙更加森严，更鲜艳的门窗更加紧闭，广场更空旷更冷清，石狮、铜狮雕龙绘龙更严厉，更威猛，更清晰了上下高低，更清晰了大小宽窄。一切更加分明，更加有序，更加规矩。

然而，天气却愈加寒冷了。

然而，同样是冬季，同样是下雪，同样是几百年前那样的雪，同样是几百年前雪后的紫禁城，却早已物是人非了。大雪洋洋洒洒的时候，不知有多少人相约到故宫看雪。紫禁城东北角、西北角的护城河边，景山的最高处，突然架起了比平日多得多的各式照相机。看起来确实也很奇怪，当现代的楼宇街景模糊在风雪里的时候，人们发现紫禁城的线条在风雪中更加清晰优美了，紫禁城的声音在风雪中更加丰富悦耳了，紫禁城的形态在风雪中更加典雅端庄了，紫禁城的境象在风雪中更加大气磅礴了。雪后的太阳出来，紫禁城的色彩更加亮丽夺目了。当此时刻，不止一次看见并羡慕快乐无比的女生男生们，在金水桥边的雪地里，在太和殿广场的雪地里，尽情地打滚撒欢。

他们不再如昔日的臣民向帝王的威权跪伏。

他们陶醉于今日的紫禁城之美而情不自禁。

“到故宫看雪”——网上传出无数美图。

故宫乾清宫内景

日升月恒

故宫坤宁宫内景

故宫西六宫俯瞰

故宫坤宁宫内景

故宫乾清门旁的铜缸

故宫太和殿上的脊兽

故宫各种颜色的琉璃瓦

故宫皇极殿内景

故宫皇极殿内景

故宫的窗

故宫乾清宫宫门一侧

故宫交泰殿内景

故宫的红柱

故宫长春宫内景

故宫长春宫内景

故宫长春宫内《红楼梦》主题壁画

故宫延禧宫中的水晶宫局部

故宫延禧宫

故宫御花园中的花木

故宫雪意

故宫雪意

故宫雪意

故宫断想

一、宫廷里的皇帝

中国几千年历史最大的特征是帝制，是皇权至上，是高度的集权、专权，是家国同构，是宗法社会。对历史，对国家，对社会，对百姓起决定作用的，是皇帝，是皇帝家族，是打倒皇帝当皇帝的。天下之大，足以安邦定国、治理国家的能人名臣有的是，但历来国家兴亡，起决定作用的，既不在臣僚，更不在平民。出来一个比较好的皇帝，就被称作明君，就说这个皇帝可以使国兴民幸；出来一个不大好的皇帝，就被称作昏君，就说这个皇帝弄得国败民灾。不管事实上是不是如此，论者、观者大多持这样的基本观点，就因为一个明摆的事实是，几千年的帝制历史，其实就是皇帝的历史、皇帝一个人的历史。所以，皇帝、皇帝主要活动的空间皇宫，是国家社会的中枢、核心，如一个人的头脑和心脏一样。对帝制皇权历史的研究，最重要的就是顶层研究，就是对皇帝，对以皇帝为核心的宫廷权力运作的研究，也就是所谓的提纲挈领、纲举目张，牵一发而动全身。

由于帝制体制下国家权力高度集中于皇帝一人之手，国家的前途、百姓的

紫禁城全景旧照

命运往往系于一人一念，对历史的兴趣、对历史的研究，首先聚焦于皇帝。对皇帝的兴趣、对皇帝的研究历来是文化现象与学术研究的热点。研究一个皇帝，如果不把这一个皇帝作为人的“人性”和作为皇帝的“帝性”充分地铺展和交融，不深入探究人与帝、人性与帝性之间的纠结与平衡，研究是很难到位的。在大众文化层面，不少作品从艺术角度“戏说”皇帝，有想进入皇帝的人性世界的一面；但一“戏说”就没有了边际，虽有历史的影子，但不是学术研究，只可供娱乐。它不仅不能作历史的借鉴，连娱乐也往往走入歧途。

皇帝的重要性，皇帝的地位、作用，皇帝的优劣，从根本上说，是由数千年的帝制体制决定的。在个人权力无限放纵，基本不受外力制约的体制下，从总体上看，是不可能产生人们想象中的真正意义上的好皇帝的。因为这不是个人的修养素质问题，而是制度问题，是观念问题，是思想基础问题。普遍的现象是，比较起来，打天下的皇帝发挥正面的作用多一些。打天下的皇帝也是没当上皇帝时比当上皇帝时好，当上皇帝也是前期好，后期、晚期就不好了，越来越失明、失聪、失英。在帝制不可能成就英明领袖的

由景山远眺紫禁城旧照

大前提下，当然还有作为个人的皇帝的优劣之分。优秀的皇帝可以反作用于体制，对于不好的体制可以起到弥补和纠正的作用，但仅局限于一时一地，不可能解决本质性问题。顽劣的皇帝则被体制放大了顽劣的一面，使原本不好的体制变本加厉，雪上添霜。

作为体制中的皇帝，其位置、作用、权力等，即所有皇帝共性的一面，一般是不变的，差异性不甚明显。形成皇帝之间明显差别的，主要是由“这一个”皇帝的“个性”决定的。所以，研究“这一个”皇帝的“个性”尤为重要。一个皇帝个性的形成、品行的高下、个人能力的大小、为政风格的勤与懒、廉与奢，大体取决于素质教育、个人修为、经历磨炼。素质教育中比较重要的是家庭影响，老师栽培。个人修为方面与个人价值观、个人喜好、个人兴趣密切相关，如是否看重自律，是否注重修身养性，是否坚持读书学习等。至于经历磨炼，出入大风大浪，虽不由己，但能否将经历经验当作宝贵资源利用，亦事关重大。

在可以称作只有一个男人的皇宫里，某种程度上，与皇帝关系最为密切，对皇帝影响较大、较多的，是皇帝身边的女人们。一个个个别的女人组成了一个对皇帝产生重要

清末太监旧照

影响的特殊群体。这也是中国多产宫闱戏的原因，虽被演绎，也有实情。与皇帝关系密切的女性群体中，除直系的生母及其姐妹外，更多的如有直接介入生活的养母、乳母、保姆，有婚姻关系、性关系及日常起居餐饮生活关系的后妃嫔及部分宫女。作为一个人成长、成熟的重要时期，如身体发育的快速期、脾气习性的可塑期、躁动迷惘的青春期，基本上是与这些女人们在衣食住行、朝夕相处的密切关系中度过的。由于早已规范了的男女、上下、尊卑的地位、角色认定，由于生活性的、体肤性的亲近，由于在心理上认为远离政治漩涡，精神上处于高度放松状态，不管是即位前还是即位后，皇帝与这些女人们之间的关系多以日常生活之必须及情感情绪为主导，所以更容易在经意不经意间表现出作为人的本真的一面，也容易在自觉不自觉间受到她们的影响。如马皇后对于朱元璋、孝庄皇后对于康熙帝属于正能量方面的影响；而慈禧的垂帘听政，对同治帝、光绪帝的控制，则是一个作为母亲的女人时时刻刻让皇帝儿子、侄子感到压迫、感到紧张的干政毁政的极端例证。

太监现象是中国皇权变异的一个死结，明清两代尤为突出。太监在宫廷政治中的弊

清末宫女旧照

端，皇帝们不是看不到、不知道，也不是没有采取过遏制措施，但为什么视而不见，为什么出尔反尔？对于太监制度，对于由太监制度形成的太监现象，对于由太监制度、太监现象形成的太监文化，极有必要透过现象作深层的心理分析。例如将帝师、太监这两类人与皇帝的关系做比较。帝师、太监与登极前的太子和登极后的皇帝的关系均很密切，但为什么往往太监的副作用大于帝师的正作用？从人性的角度看似很简单：帝师教学习功课，教做人做事；太监教吃喝玩乐，教休闲放纵，两相比较，孰重孰轻，孰难孰易，孰疏孰近？从心理层面看，与太监的自戕心理相关联的太监的人格残缺心理、报复心理、贪欲与攫取的奴才变态心理；皇帝在太监面前的不设防心理，可以说私话、办私事、不必端着皇帝架子的放松心理（往往是这么一放松，所有不该发生的事情就发生了）；皇帝

清末宫女旧照

与太监之间的主奴变异与互置心理；还有太监心理在非太监群体中的渗透流变，如仕宦的家奴化、太监化，等等。皇帝、后妃与太监联手残害嫔妃、宫女、幼女的非人性行经，也是研究皇帝与身边服务人员关系的重要内容。从妇女儿童的角度，尤其是从被摧残的妇女的角度，或许更能发现人性、帝性在皇权至上怂恿下的恶性膨胀。

是否能够真正做到选贤任能，有效组织精英行政团队，充分调动激励能臣干将的积极性，广开言路、虚怀若谷地倾听各种批评监督意见，历来是评定是否明君的主要指标，而集权的体制既可以让明君发挥最大的正能量，也可以使明君变为昏君，更可以让庸君、昏君更庸更昏。以朱家王朝为例。朱元璋做皇帝后，不仅迅速地高度集权专权，更创造了以特务手段、特务机构、特务政治维权的法子，创造了十多年杀戮四万五千人的历史记录，几乎杀尽了功臣宿将。他的儿子朱棣也创造了灭十族的历史纪录。而且，他们创造的杀戮手段，简直非变态狂不能，残不忍记，千古未见。动辄在宫廷里当众剥开廷臣、群臣的衣裤，杖打屁股，打得皮开肉绽，既辱心志，也痛皮肉，甚至有人立毙杖下。这都是朱家的发明。被称为农民起义、穷人造反夺得天下的朱家父子，为什么如此凶残？理由很简单，无非是为了朱家王朝永坐江山。朱元璋征战十二年称帝，最穷困的人好不容易弄到一个大宅子，最底层的人好不容易坐上了最高层的位子，底气不足，自信欠缺，生怕坐不稳当；由于白手起家，更怕坐不稳当。朱元璋给他的接班人讲的道理既生动又贴切：他是为了让接他的班坐天下的儿子能够稳坐天下，才要在他活着的时候，亲手为儿子把荆棘上扎手的刺剔除干净。皇帝的滥杀，主要源于对帝位的传承是否顺利的担心与恐惧，当然也有某些重臣、功臣居功自傲的因素，还有这些功臣为自己拼命打出来的江山不忍被弄坏而违背帝意的因素；但对于这些权力即便在一人之下的人们来说，在至高无上的、掌握所有人生死之权的皇帝面前，先用后杀的命运则是一样的。不过，令人奇怪的是，明朝皇帝的随意杀戮、随意廷杖、随意下诏狱、无以复加地对士大夫的随意施虐，反而激起了士大夫的前赴后继的群体性自虐式抗争。杀人打人的用杀和打捍卫帝制的纲常名教，被杀被打的用找杀找打博取捍卫纲常名教的名声——只有在极端的皇权至上、帝王专制专权的恶劣政治环境下，才生出此类悖论式的种种怪状。

朱元璋

研究皇帝的角度很多，且因具体的每一位皇帝而异。需要特别指出的是，对于任何一位研究者来说，以理性的态度、平等的态度研究皇帝是至关重要的。由于长达几千年的帝制，长达几千年的皇权思想、皇权观念的无孔不入，即便是自认为具备现代理性的研究者，也往往难免一不留神就会掉入皇权编织的认知陷阱中，而有意无意地给作为研究对象的皇帝留下被研究中的某些“皇帝特权”。这是所有研究者需要特别提高警惕的地方。面对学术视野中的任何一位皇帝，绝对不可以像昔日的臣民那样俯首听命或仰天遥望，而应以平等理性的态度、俯视的眼光，去研究他们。必要的前提是研究者有意识地消除帝王思想对自我无意识的影响。

二、改朝换代大节点

不往远说，以秦始皇开始的帝制计，北京故宫作为皇宫的历史占了帝制时期的近四分之一。与以往的历史相比，明清均有各自的鲜明特色。明朝以中原内地农耕民族汉民族为主的力量，结束了来自北方的以游牧民族蒙古族为主的元朝的统治，而后又被来自东北方的以游牧为主，兼渔猎、农耕的满族为主的政权取代。明朝的开国皇帝朱元璋，以来自社会最底层的、最贫困的被定位为农民起义领袖的身份，夺得了天下，登上了帝位；而明朝的最后一位皇帝，又被同样来自底层的、同样被定位为农民起义领袖身份的李自成直接推翻。清朝以满族少数民族为主的力量，统治了人口占绝大多数的汉民族及蒙、藏等其他少数民族近三百年，最终为延续了数千年的帝制画上了永远的句号。明清两个朝代，尤其是到了清代，是世界发生最大变局的时代，而清朝的消亡、帝制的终结，与世界大变局密切相关。此类变迁，是以往的历史所未曾有过的。

蒙古族政权在前，满族政权在后，处于同样来自北方少数民族、游牧民族掌握国家政权的历史夹缝之中，明朝的历史境遇显得分外尴尬。从文化、文明的发展进步着眼，汉、唐、宋以来积累的以中原汉民族为主体的农耕文化与北方游牧文化相比，在总体上无疑更有利于社会的进步与民生的改善。有论者认为蒙元的统治，在文化、文明进步的层面出现了中断甚至倒退，是有一定的道理的。蒙元从武力征服、强化集权开始，明朝继之，清朝又继之，以各自取得皇权的特殊性，不约而同地连贯为连续强化皇帝极权的长达六百多年的历史。明朝结束元朝的统治，本有可能回流和接续唐宋文化、文明的进程；但是，由于农民起义的性质，由于夺得皇位和皇权的朱元璋的文化素养、文化构成，他更容易接受蒙元对皇权和专制的强化的一面。接下来的满族政权统治与蒙元的文化心理、社会治理趋势相类，只能把皇权、帝制、高度的集权专制推向更不可救药的境地。在中国历史上，终于造成不断强化集权统治如此之久的恶劣局势。从大历史节点转换之处的实际状况固然可以追寻其深层的文化因素，不过，说到底，还是由更久远的历史形成的不可动摇的皇权观念和难以改动的帝制体制所决定的。

忽必烈

明朝移都北京，除了这里是朱棣的兴起之地外，深层的原因应该与元朝有关。蒙元的势力范围从版图上看是最大的，远远超过明。明虽灭元，有形无形中依然受到蒙元的庞大压力。这种压力直接影响其如何处理与北部民族地区的关系。但明朝始终没有解决好如此重大的国家大事，致使这一问题成为明朝灭亡的基因之一。自秦始皇大修长城之后，明修筑长城最盛，实在是劳民伤财的愚蠢行为。单纯的防御其实是绝对靠不住的。康熙帝就英明地认定长城没多大用处，既挡不住李自成，更挡不住满族政权。清朝的成功，主要在于继承了元朝控制北部民族地区的经验与优势。从蒙元到后金一路走来，满族政权有效地解决了控制东北的问题，解决了与北部蒙古族的关系问题，为清取代明一统天下奠定了根据地式的牢固基础。李自成的出现固然促明速亡，但从明、蒙、满的关系看，即便没有李自成，清取代明的趋势亦是非常明显的。

还是元、明、清的大节点，换一个角度，从皇权的角度做比较。比起之前的朝代，元朝、明朝、清朝都搞集权，搞极端专制主义，把权力高度集中，牢牢掌握在皇帝一个人、皇族一家人手中，且一朝比一朝有过之而无不及。元朝与清朝高度集权的原因有相类性。游牧民族奴隶制式的主奴关系，演变并覆盖了后来的君臣、君民关系，单是下跪、平身，主子、奴才等形体动作与语言称谓，在这个时期就表现得最为突出、最为夸张。明朝的高度集权，表现形态与元、清一致，但动因有别。元、清为外来的，且是来自北方的少数民族、游牧民族，要想实现对具有悠久历史、具有深厚文化积淀、具有稳定社会治理结构的大中原的统治，则必然从政体、到经济、到思想意识，实施高度的集权专权。明朝则是中原汉民族内部力量的崛起，但并不是皇族、官方主流的势力，而是底层民众起义的民间势力，在心理上与元与清的少数民族力量对抗主流官方力量虽异构而同向，皆因自觉处于弱势而产生特别需要高度集权的共鸣。于是，武力征伐、杀戮、滥杀、虐杀、杀服、羞辱几乎成为元、明、清三朝，尤其是三朝开国之初共同的高度集权手段。至于“家天下”的皇权思想，则更是不分族群，不分南北，不分朝代的一以贯之。天下为皇帝所有，为皇族所有，完全由皇帝、皇族主宰、瓜分。不管蒙、满、汉，一旦天下归己，以皇族为主体的核心利益集团便迅速养成，养大。元的诸王封地，从草原延伸到内地；明初的封王外放，各据津要；清的铁帽子王、亲王的座霸京城，坐拥京畿，无一不是皇帝皇族家天下的布局。元、清更多了“四等人制”“八旗制”的民族等级划分，一样是皇族皇权的扩张。愈集权，皇族性欲强；皇族性欲强，愈集权。其结果，如清的家族性愈强，利益集团愈强，执政能力便愈弱，走向衰落与灭亡便成为必然。

三、“康乾盛世”与世界大势

康熙帝在中国历代帝王中，武功文治，的确算得上一代明君，单是他对来自西方的科学知识的浓厚兴趣和刻苦学习，其他皇帝就望尘莫及。

康熙帝

康熙帝对西学的看重，起于杨光先与来自德国的耶稣会士汤若望的中西历法之争，源于康熙帝的好学精神和科学态度。他任用汤若望的助手、来自比利时的耶稣会士南怀仁为钦天监监正、工部右侍郎，开创了任用西方人在清朝做高级官员的先例。延请来自法国的耶稣会士、科学家白晋等入宫担任他学习西方学问的老师，还命白晋到欧洲邀请科技人员。

康熙帝阅读来自西方的科学书籍，操作来自西方的科学仪器，主持、编译、编纂数学、几何学、天文学、地理学等方面的著作，设立蒙养斋算学馆。现在故宫博物院藏品中保存着康熙帝用过的手摇计算机、铜镀金比例尺、角尺、半圆仪、地平仪、绘图仪、几何模型等。每当看到这些书籍藏品，想到康熙帝的此种科学态度、科学精神，想到从那个时候起，在康熙帝的带领下，假如整个国家全面沿着科学发展、科技进步的路子走下去，将会是什么面貌？

可惜的是，康熙帝对科技的关注只停留在个人爱好的层面，只停留在个人愿意学习新鲜知识以丰富充实自己、满足自我需求、显示自己博学的层面，且局限在自然学科范畴，更没有将西学与国体，与治理国家结合起来，没有将西方科学的引进上升和落实到生产力提高、社会发展的实务上，没有想过将科学知识普及、转化、发展为应用技术、实用技术来强国富民，更没有想到利用强大的皇权进行强有力的推广、传承，进而从整体上提升国民素质和国家实力。

今天的我们固然没有理由苛求三百多年前的皇帝，即便他是一位少见的明君；但是，我们可以和几乎同时代的也像康熙帝一样被称为大帝的俄罗斯的彼得大帝做一比较。比起康熙帝来，同样年轻有为、奋发向上的沙皇彼得，有一个非常自觉又明确的目标定位：让自己的国家赶上和超过西欧发达国家；有一个非常自觉又明确的道路选择：通过学习西欧先进的科学技术赶上和超过西欧发达国家。为此，他不断研究发达国家经验，选派青年贵族到国外学习，组织庞大的考察团到西欧考察，搜集经济、文化情报。他不仅亲自率团，居然还化名为一位下士，到造船厂当木工，到英国皇家海军船坞打工。参观学校、博物馆，到国会旁听，都是他详细考察的内容。回国后，他即以沙皇之权威与权力，雷厉风行地发动全方位的改革：建立各种学校，翻译各国书籍，创办报纸，建立俄国科学院，聘请大量外国专家；建立精锐军队，设计新型大炮，建造数百艘战舰，建设以要塞为核心的新型城市（圣彼得堡）……于是，一个庞大的、强大的俄罗斯帝国出现了。康熙大帝与彼得大帝，同时代的大国皇帝，同样在学习西方科学，可是，观念不同，目标不同，方法不同，结果更不同。

再看乾隆帝。乾隆帝是康熙帝看好的孙子，但比起康熙帝的眼界和胸怀来，反倒倒退了不少。在世界范围内，乾隆时代也正是法国大革命、英国工业革命、美国独立战争与建国的时代。对人类文明历史上这些翻天覆地的大变革，对西学，对西方的高科技，乾隆帝看不见，也不愿意看见，即便有人送上门来，乾隆帝看见了也不相信或装作没看见。

历史曾经给过他一次机会。1793 年，乾隆帝接见了英国国王乔治三世派遣的使臣马戛尔尼勋爵。当时世界上最富强的东西两个帝国本来有可能由此开始正式的对话、交流。可是，这位坐了五十七年太平盛世皇位的老皇帝早该睁开眼睛看世界的时候却一直紧闭双眼。愈来愈自以为是的老皇帝，愈来愈自以为“老子天下第一”的老皇帝，对任何外来的新鲜事物即使摆在眼前也视而不见。

乾隆帝就这样毫不犹豫地断绝了同已经和正在发生大变革的新世界的对话、交流、合作的任何可能。若干年后，英国送给清朝的就不再是精选的高科技礼物，而是炮舰轰打下的不平等条约。又若干年后，英法联军攻入圆明园的时候，惊讶地发现当年英国国王送给乾隆帝的高科技科学仪器和高性能的枪炮武器竟然原封不动地躺在圆明园的库房里。

乾隆帝

乾隆帝与美国首任总统华盛顿同年离世。作为总司令的华盛顿在美国独立战争胜利结束后，只说了几句简短的告别的话，便毫无挂碍地回到自己的农庄，真正地解甲归田了，这是乾隆四十八年（1783）的事。六年后，乾隆五十四年（1789），华盛顿当选为美国第一任总统，连任两届后自动谢任。华盛顿留给美国的遗产是《独立宣言》，是国家宪法宣告和规定的人人生而平等、人权天赋，是立法、行政、司法三权分立，是限制政府权力，保障人民自由。

而乾隆帝呢？康熙帝在位六十一年，乾隆帝一时谦虚，说了句“予不敢上同祖皇”，“至六十年即拟归政”的大话，皇帝话既出口，于是便早早准备起来。早在乾隆三十五年（1770），也就开始修建二十五年后享用的太上皇宫殿。但到了该住进去的时候，他并没有去住，退位后的他依然住在养心殿以太上皇名义训政，替已经登极的三十六岁的儿子把持朝政。

乾隆帝留给清朝的遗产是进一步的集权专制，如文字狱的盛行。顺治、康熙、雍正三朝文字狱共三十余起，乾隆一朝，文字狱多达一百三十起以上，且残酷野蛮到荒唐的程度。

更有对体制性贪腐的放纵加剧，如乾隆帝一手扶植的贴身大臣和珅，成为历史上皇帝庇护下的巨贪典型。还有对所谓康、雍、乾盛世积累的国家财富的大肆挥霍，如仿效其皇祖康熙帝的六次南巡，实际上完全变了味道。康熙帝南巡，主要是为国为民治河；乾隆帝南巡，他自己说得清楚，主要是带着母亲游赏江南名胜。六次南巡，水旱两路，每次往返五六千里，船千艘，马万匹，仅乾隆帝的御舟、纤夫即多达三千六百人，每到一地，地方官员整修道路，迎驾护卫，除一次耗时八十四天外，其余五次均在一百一十天以上；其兴师动众，耗费之巨，无可计数，堪称世上最浩浩荡荡、最奢华无比的公款豪华旅游。

现仍在故宫博物院长期展出的堪称世界上最大的和田玉雕“大禹治水”，也是乾隆时的制作。玉料来自新疆和田，原料重达一万六千六百斤，两千人开采，一千人、一百匹马运送，行程一万一千里，三年运至北京，又运往江南经工匠七年制作，其成本之高，无可计数；此类行径，连乾隆帝自己都觉得挥霍得不好意思了，不得不写下“再不为例”的告诫。

乾隆帝对自己的六次南巡，晚年也认了错：六次南巡，劳民伤财，作无益，害有益。而对于列为清宫最盛大节日的皇帝、皇后、皇太后的诞辰庆典，被津津乐道为“普天同庆”的“万寿盛典”，从康熙帝、乾隆帝一直庆到慈禧太后，则毫不在乎花费多少银子，毫不在乎国家有没有银子，谁也不去算计到底挥霍了多少银子。如此声势的庆寿法，真正是中国特有，世界绝无。

至于慈禧，何德何能？在她的眼里，一己之利、一家之利大于一切，高于一切，这样的人居然可以执掌皇权前后近五十年，多少人只能眼睁睁地看着她一手将数千年的帝制推入绝望的死地而无可奈何。慈禧专权的这个时期，正是英国的维多利亚女王时代、日本的明治维新时代。同样是女人，同样是失去了丈夫还继续统治着庞大帝国的女人，阅读过描述维多利亚女王译本的慈禧，多少有些仰慕维多利亚女王的慈禧，居住处挂着维多利亚女王盛装像的慈禧，却于1860年、1900年先后两次饱受了维多利亚女王派出的军队的劫掠之苦，害得她自己不得不东躲西逃；而明治维新之后的日本对清帝国的沉重打击，更让所有国人痛心疾首。夹在二者之间的大清帝国的无奈处境及其原因，真让人寻思不尽。

慈禧太后

自乾隆以来，世界的发展变化太大太快，而清朝仍以老大自居，不知进取。保守的中国与激进的西方在各方面的差距迅速拉开，巨大的反差与失衡形成了外部世界对中国前所未有的猛烈冲击。1840年以来的冲击更是远远超过历史上任何一种。以往的即便是改朝换代的冲击。冲击之后，老调子照样可以继续唱下去。而此时的一连串的加速度式的冲击，则是全新的、全方位的经济、文化、制度、社会、民生等合力的冲击。这冲击，正是孙中山看到的浩浩荡荡的顺之者昌、逆之者亡的世界潮流，而清朝的统治者根本看不到，看到了也决不肯顺应潮流改革进步。慈禧太后对义和团的态度和做法及其后果极具代表性。也有论者认为，慈禧在惨痛教训后也在积极改革，即所谓清末新政。慈禧太后是采取了一些新的措施，但其捍卫皇权、家族权力的核心价值观丝毫未变，集权的本质丝毫未变。《钦定宪法大纲》坚持皇帝神圣，永世不得侵犯，永远拥戴；立法、司法、行政权都在皇帝手中；皇族内阁十三人中，九人为皇族、满族。这分明是立宪其名，集权其实；分明是在大势所趋之下拼死保卫皇权、族权，而绝非走向宪政，保障民权。既然如此，面对世界潮流的冲击，中国就只有革命一条路可走。皇权、集权这样的核心问题、根本问题得不到解决，清末的那些新举措，如废科举、兴学堂、练新军、派留学生等，反倒大都起到了培养和集聚推翻清朝新兴力量的作用——道理很简单，因为人们一旦看到世界的真实情况，就知道中国该怎么走了。

四、宫廷文化：观念与制度

宫廷文化的核心，是与皇帝、皇权直接相关的观念文化、制度文化及其关系。

皇权至上，皇帝独尊，对皇权的绝对态度，即忠于皇权、忠于皇位、忠于皇帝的观念绝对不容置疑。这是皇权的要求、帝制的目标。治理天下的体制结构、制度设计、规章制定，从部门的设置，官员的选拔、任命、奖赏、处罚，到议事、决策、执行、督察的程序，无一不决定于并显示着皇帝的至高无上的权力。宫廷里的一切，从外在的活动空间，即皇宫建筑空间、建筑形态，到任何内容与任何形式的礼仪行为，大到皇帝的登基、上朝、祭祀、寿诞、大婚、殿试、出行、回宫的程序程式，小到起居、衣食、行走的规制规定，无一事、无一处不在处心积虑地凸显皇权至上，皇帝独尊。

在皇权至上、家国一体、官本位的政治体制和社会治理结构中，处于全社会任何层面的个体与群体，无不自觉不自觉地信奉帝王思想，维护帝王思想。帝王思想即帝制时代的统治思想。坐在皇位上的皇帝的帝王思想自不必说。历朝历代的皇帝，总说他自己想着要让这个国家强大、安定，要让天下的百姓有好日子过，这也不是假话、大话、空话；可是，任何一位皇帝又都自然而然地把维护巩固自己和自己家族的权利当作治理天

《乾隆帝阅孔雀开屏图》

下的天职，并且绝不允许皇帝的权力、家族的权利受到任何挑战。

在皇帝眼里，家和国是没有区别的，他的家就是他的国，他的国就是他的家；若有区别，也是家在前，国在后。事实上，帝制体制下几乎所有的帝王，在他们的眼里、心中，保证自家的荣华富贵永远大于解决民生的贫穷疾苦，所谓的体恤民情，基本上是落不到实处的空话。

志得意满的乾隆帝，即便想到天下的百姓，也沾沾自喜于他给百姓带来了多大的洪福、他为百姓谋求了多大的幸福，他心目中平民百姓的生活肯定与中国大地上普通民众的生存状态完全是两个样子。

即便是那些起自底层的造反者，农民起义的领袖也无一例外，打倒皇帝当皇帝是他们帝王思想的集中体现。朱元璋如此，李自成如此，洪秀全的太平天国亦如此。朱元璋曾经是穷困到极点的人，是吃过大苦的人，可他当了皇帝，照例把朱家的权利放在首位，把平民百姓的疾苦丢到脑后。

各级官员的帝王思想则表现在任何时候、任何位置上对皇帝的服从、尽忠，对帝制的维护。普通百姓的帝王思想、民间的帝王思想，则表现为对皇帝的盲目崇拜与精神依附。帝王思想对社会各层面的全部覆盖和绝对控制使皇帝成为稳定人心、稳定社会的“图腾”，似乎一天没有皇帝，或皇帝一天不在皇位，普天之下便无着无落，惶惶不可终日。

朝代可以变，皇帝可以换，帝王思想不可变，皇帝体制不可变。帝王思想和集权体制是紧紧捆绑在一起的互生、互动、互补、互证的共同体，并转化、衍生、普及为主导人们思维的社会性观念文化和规范人们行为的制度性生存文化。

从文化学的含义分析，不能回避传统文化，特别是传统文化中的核心文化、主流文化与皇权文化、帝制传统的关系。

从大的社会治理结构看，从基本的价值趋向看，传统文化中只有与皇权文化、帝制传统一致的、可以相互融合的部分，才有可能被选择、被确定为文化中的核心文化、主流文化。传统文化中入世很深的孔子学说越来越被帝制时代认定为传统文化中的主流或主导文化，自有其内在的原因；而其能够长时期地发挥作用，则更决定于帝制时代为维护帝制对儒家学说的不断改造，即通过不断的拣选、释义、解读、增补而发展演变成“独尊”的儒学、儒教文化。这样的儒教文化，其主要的核心的内容，或者说它可以长期存在并不断发展完备的原因，是它不仅可以和帝王思想、集权体制、等级结构相融合，而且可以起到稳定、维护甚至帮助这种思想体系和制度体系存在并发展的巨大作用。

明清两代，通过科举命题以“四书”取义，更使儒学成为“制度化儒学”。对此，雍正帝看得清楚，也说得明白。他说儒教“为益于帝王也甚宏，宜乎尊崇之典与天地共悠久”。儒教中为益于帝王方面的内涵，如三纲五常、三从四德、忠孝节义、仁义礼智、伦理道德等，就经历了一个不断地被选择、强化、演绎、释读、归纳为鲜明的文化概念的过程，最终以沦为绝对忠诚于皇权的教条，以打造成覆盖全社会的文化模式，渗透到社会的方方面面。

至于儒学中关于“人”的探究，个体生命、心性的追究，人与人、人与社会、人与自然关系、人与权利关系的哲理思辨、逻辑推理、道德理性，个人的修为省悟、气质品格、艺文精神的涵养，以及学术研究方法等哲学及学术理性层面的内涵，并非皇权、帝制的高层设计所需，亦非学者、思想家之外的大多数人所关心，不会被直接纳入帝制核心文化和社会主流文化之中；其中的一些内容，只能流落在学术江湖与哲学山林之间，有些与佛道合流，在无关大局的无意与失意的士人间流动。

皇权、帝制只靠观念文化是难以维持的。暴力维护、利益诱导、道德训诫历来是构成和维护皇权与帝制的三大法宝。

由于皇权至上，皇帝可以毫无限制、毫无顾忌地滥杀臣民；通过滥杀又可反证皇权至上，这是对皇权、帝制的暴力维护。

皇权为自己规定了唯一的可继承性、必须继承性，而皇帝以下所有人的权力与利益都需要皇权的赐予，皇权于是成为所有人的权力与利益的唯一源头。这是皇权、帝制的利益诱导。

在为皇权、帝制设计的暴力维护、利益诱导、道德训诫的超稳定的三足鼎立结构之中，道德训诫主要利用儒教文化来实现。道德训诫中的关键词是一个“忠”字。这个“忠”的本质绝对不是忠于自我，而是泯灭自我、忠于他者的依附文化

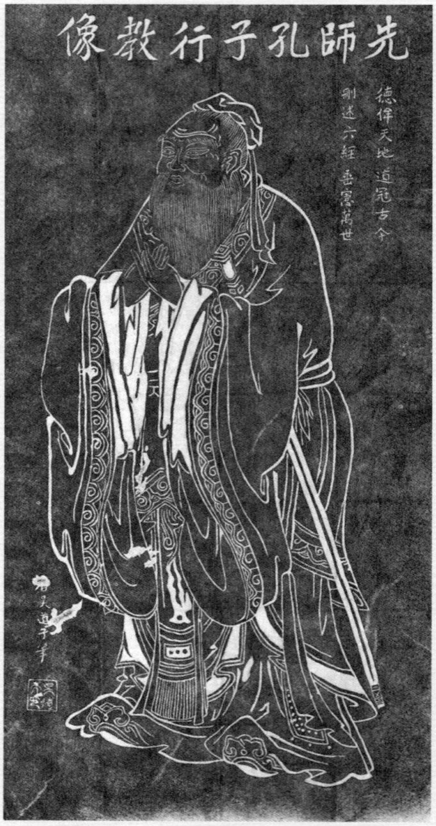

吴道子绘《孔子像》

的通俗表述，以这样的“忠”来实现和统领意识形态领域的统一与和谐。其自圆其说的心理平衡的前提是圣人说、明君说、贤主说，是皇权的天命、神授的天理说。上到帝王，下到平民，以“忠”确立价值体系。忠于天，忠于天命，就是忠于皇权，忠于帝制，忠于既成之社会体制，忠于帝制体系下的伦理道德。加以官僚层、知识层的史论、舆论的话语引导，这一套关于“忠”的话语体系便极为顺利地形成全社会一致的认同。如关于国不可一日无君，如王与寇、忠与奸、正统与非正统，如上与下、内与外、亲与疏、主与奴、尊与卑、贵与贱、富与贫、命与运，如王法与宗法家法，等等，所有诸如此类的说法、看法与做法，自然而然不知不觉地以“集体无意识”的意识形态落实为社会共识、社会常识，成为几乎所有人看人、待人、做事的价值判断准则和道德标准。

换一个角度看，在以维护皇权为绝对标准的帝制体制框架里，在以暴力维护和利益诱导的实际操作程序中，本质上与专制，与暴力，与以非正当手段和渠道攫取利益相矛盾的道德训诫，势必沦落为愚弄民众的言语暴力和欺骗别人也欺骗自己的弥天大谎。这也是中国历史上这样的道德训诫模式总是陷入虚伪的反道德泥潭里不能自拔的根本原因。

以效忠皇帝、维护帝制为终极目标的道德文化和以帝王思想为核心的观念文化，以及以帝制为组织结构的制度文化，这样的为帝制服务的文化里应外合，

将帝制、官本位体制合法化、合理化，形成以皇帝、皇族和忠于皇帝的官吏为主体的有组织的社会存在、社会认可的权力和利益集团，从上到下地主宰着整个社会。往往是一个朝代开始的时候，这样的权力和利益集团还可以起到维护和稳定帝制的作用，随着积以时日，权力和利益集团很快变质为贪腐集团，进而成为从内部瓦解帝制的蛀虫集团。“一个清知县，十万雪花银”的流传说法，就是这种制度文化的真实写照。这一在帝制条件下无法解决的制度性问题，既使中国的帝制可以延绵数千年之久，也反反复复地把中国社会、中国人拖入万劫不复之地。

五、宫廷文化与民族文化、地域文化的交流融合

在中国历史上，民族文化、地域文化的交流融合在元、明、清三代尤为突出。从始

《雍正帝胤禛行乐图》

终居于统治地位、主体地位的皇权文化、帝制文化的角度看，明朝之前是蒙元，明朝之后是清朝，明皇朝的汉民族文化、中原文化被裹挟在来自北方、东北方的蒙、满少数民族文化之中，延续数千年的皇权文化、帝制文化最后终结在少数民族的统治者之手。

蒙元的统治者在对游牧文化，对北方游牧地区文化整合的基础上，进而对中原及南方地区以汉文化为主体的农耕文化进行了一次全面的整合；但文化的差异与冲突，解决文化冲突的滞后与整合的难以到位，应该是蒙元统治无法稳固和短命的重要文化因素。

明取代元，在文化层面是文化的回流，全面回归到以汉文化为主体的文化传统；同理，应该是明代统治较为稳定长久的重要文化因素。而其未能解决好对于北部、东北部蒙、满少数民族的文化整合问题，则是导致其被取代的重要文化因素。

清代，特别是清代前半期，有效地解决了多民族文化的整合问题，也应是其作为少数民族而能够较长时期地统治多民族大国的重要文化因素。

由于地理位置、地域特点、生产生活方式等原因，地处北部的游牧文化、半游牧、半农耕文化，总体上具有流动、开放、博大、包容的特性，特别是在新兴民族力量发展壮大上升的阶段，这种特性的文化就会形成极大的横扫天下的助推力量。而早已成熟的中原、南方的农耕文化，即便在某种新兴力量崛起的时候，其保守与封闭性仍然作用明显。明朝的移都北京，并不是为了更有助于向蒙、满方向的开拓，而是为了更便利于固守边线。明朝在都城边上的大修长城，其实就是大修扩大了的农家式的朱家院墙。

满族的崛起和清朝的前期，在发掘民族文化、地域文化整合、融合的力量方面成效最为突出。崛起之时，满族文化及相近的蒙文化的自我融合与整合，游牧文化、渔猎文化、半游牧半农耕文化、农耕文化的融合与整合，已经形成足以与明朝抗衡，并超越明朝的文化合力。夺取天下之后，对满蒙文化的坚守与对汉文化的兼收并蓄并重。从康熙帝到乾隆帝的十二次南巡，年年岁岁的北上围猎会盟，除了其他的政治治理目的，在文化方面，无疑是民族文化坚守与民族文化、南北地域文化交流融合的声势浩大、效果显赫的文化穿越之旅。

明从南打到北，定都北京后，除了有数次的北追穷寇外，既不北扩，也不再南下；清从北打到南，定都北京后，既不停地北上又不断地南下。两相对比，文化心态、文化行为泾渭分明。对待前朝的遗留，明朝用的是毁了元朝的宫城再建自己的紫禁城的法子；清朝则是把明朝的紫禁城拿来就用的法子。两相对照，拒绝与包容、割裂与融合的文化心态、文化行为一样泾渭分明。

从文化融合的角度看，与蒙元比，清在文化选择中更多地融入了汉文化的传统，更能适应中国传统文化、正统文化的认同。如宫殿、礼仪、执政制度、行政程序等，早已与汉传正统文化、主流文化接轨，只不过进入紫禁城这样的正统皇权文化、帝制文化的核心区域后，更加像模像样而已。对前朝汉族官员、士人在服从前提下的充分使用，科举的继续，皇帝、皇族官员的带头学习以汉文为载体的传统文化，写汉字，说汉话，做汉文，写汉诗，热衷于汉文书画艺术，以积极主动地表现对汉文化的高度认同的姿态赢得从上到下的汉文化群体的认同。除头发、服饰这两项身体文化、形体文化外，他们基本上都汉化了，而此两项重在心理征服与形象重塑，虽然有极强的强迫性、征服性象征意义，但并未触动实际利益。当然，从文化实质指向看，在选择取向和实践操作中，起决定作用的还是看是否有利于皇权与帝制的维护，无论谁大权在握，文化注定是要服务于政治的。而汉文化在此种价值取向上自然要比游牧文化、少数民族文化成熟得多，好用得多，管用得多。在这样的意义上，所谓的被“汉化”就是自然而然的了。

民族文化的交流融合与地域文化的交流融合关系密切。在特定的历史条件下，两种文化的双向交流融合呈现此消彼长的态势。

中国帝制时代的后期，即元明清时代，是北方游牧民族、少数民族发挥重要作用的时期。恰恰是在较长时期作为统治民族的蒙古族、满族与汉民族的差异反倒越来越小，此种现象正好说明掌握权力的统治者在推进民族文化交流融合中的巨大作用。

在民族文化分野淡化之后，地域文化分野成为文化差异的坐标，民族文化的差异往往也以地域文化的差异形态表现出来，从而使得在民族文化、地域文化双向交流融合的互动中，地域文化的特色表现得更为突出，从而形成了鲜明的长城内外、大河上下、长江南北的地

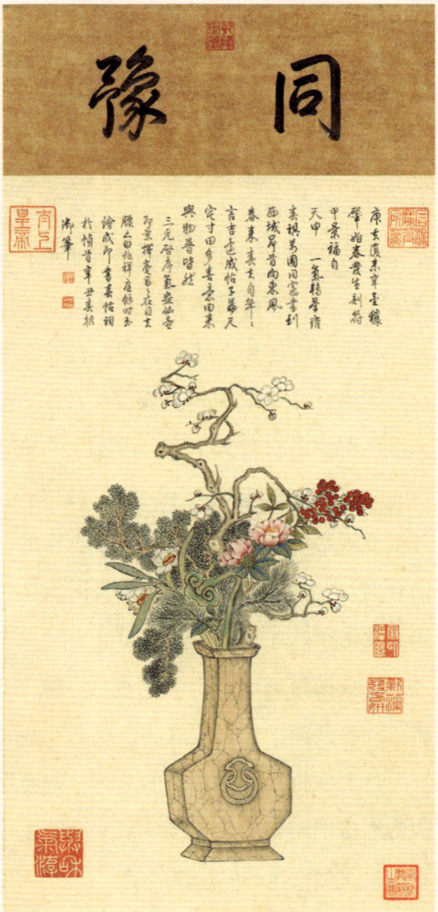

乾隆帝《辛丑岁朝图》

域文化分野，但地域分野的背后与深处，起着更大作用的，是元、明、清时代蒙、满民族文化的南下和汉民族文化的北上，在此种格局的民族文化的交流融合与地域文化的交流融合中，你中有我，我中有你，共同形成了地域分野的纬度波段。

文化交流与融合不仅仅靠理念与权力，更容易由物质的流通来带动和体现；当然，物质的流通又离不开理念，更离不开权力。从物质文化的角度研究文化的交流融合与各自特色的保持，兼有文化艺术史的意义。在这些方面，皇宫、皇城的物质需求与宫廷收藏所包含的文化交流融合具有涵盖多方面的综合性、典型性、代表性意义。

明清定都北京，位于北方的北京成为全国的政治、经济、文化中心。首先以满足皇宫、皇族及官宦集团生活需求的物品流通构成的物质文化的流动，基本的走向是由南向北，因为江南的物质生产消费水平远远超过以北京为中心的北方。明清两朝宫廷所需的吃的、喝的、穿的、用的、玩儿的、供的，大部分来自南方。当然，并不是有什么就采购什么，至高无上的皇权可以直接转化为享受物质文化的霸权。从居住活动的宫殿园林到室内陈设，从吃饭的饭碗到服饰装扮，从生活实用品到工艺艺术品，从组织管理到产品的设计生产，无一不体现着宫廷要求的意志，直至直接体现皇帝个人的兴趣与爱好。除了由南向北的长途输送，还选拔各地的能工巧匠到宫廷里直接制作，这样更便于随时落实皇帝的意旨。

通过垄断性主导、控制宫廷所需物品的异地生产，通过集中一流工匠在宫廷内部制作生产，一方面保证了吸收最优的工艺技术为彰显皇家气象服务，另一方面从原料到制作，从设计、审美到制作工艺，均极大地提升了物质生产的整体水平，从而自然而然地影响到皇家专用、专享以外的物质文化水平的大幅度提升，无疑对当时、当地的物质生产与流通的商业化的普及运作产生着巨大的拉动作用。成为世界品牌的中国瓷器、中国丝绸的创新发展之路就是最典型的例证。

本来由权力决定的，为在物质生产方面为宫廷服务而形成的宫廷与地方、南方与北方、官府与民间的交流融合，包括工匠的流动对技术与产业的推动，在实现以皇权为核心的物质文化霸权的同时，也使这种文化霸权随着物质产品的流通、信息的交互传播产生了突围式的放大、普及的效应。类似皇帝或宫廷以赐予臣下、地方下属同地方向皇帝和宫廷进贡对贡品的选择与制作的方式，对地方产品的质量与数量的影响，对商业发展的影响无疑是巨大的。

物质文化生产与流通中的文化霸权，特别是以皇帝的个人趣味为中心形成的文化霸权，对物质文化以及整体文化的发展趋向的负面影响同样巨大。如自视甚高的乾隆帝，在国家文化建设方面固然多有建树，但其低俗的类似今日之暴发户、土豪金的占有欲望与审美趣味，通过与高度集权一致的极端放大了的文化霸权，通过帝制社会中普遍的跪拜、顺从、追随皇帝的社会依附意识，通过以皇帝的喜好为喜好的审美选择，直接将整个民族的审美平均水平拖入历史的低谷，以致至今难以复兴。

慈禧太后在她颐和园里不到十五平方米的卧室里，居然摆放了十五座镶嵌各种宝石，且时间各有差异的各式座钟，真不知她是听不到这些错杂的滴滴答答的声音就睡不着呢，还是睡不着了才要听这些错杂的声音？故宫养心殿内，在一间叫作三希堂的不足八平方米的小屋子里，乾隆帝摆放了一百二十八件各色玩物，至今仍吸引不少参观者隔着玻璃指指点点，津津乐道。对于艺术与收藏而言，强权的介入与扩张往往适得其反。不想、不做还好，一想、一做就成事不足，败事有余，其连带的负面影响，绝不止于审美情趣。

六、宫廷文化与中外文化交流

在中外文化的交流融合方面，明清两代与世界的沟通并不算晚，交流的机会并不算少，之所以未能与世界先进国家接轨同步，问题出在哪里？

如何看待世界？如何对待“我”的国与其他国家的关系？与其他国家沟通交流对“我”的作用和意义何在？问题就出在如何看待此类问题的价值观上。

如果起决定作用的“我”——高度集权的皇帝，在对外沟通交流的理念与方向目的上一再出现偏差、错误，则会一错皆错，一错到底。

早在15世纪初的郑和下西洋的宏大壮举可以称作明朝皇帝主动“走出去”的对外交流。浩浩荡荡连续不断多达七次的海洋巡礼，其核心出发点主要是对外宣扬自命为“天朝上国”的大明王朝的强盛，兼以炫耀式的抚慰、赏赐换取具有海外归附意义的朝贡。

郑和之所以能够一次次地不停地下西洋，的确是因为那时高度集权下的中国的国力。

那时中国的造船、航海科技是世界一流、领先水平，否则，怎么能组织起两万七千人的、花费无比巨大的庞大船队？

七下西洋固然向世界显示出中国的经济实力与发达的航海科技，也起到了发展对外关系、稳定南海局势、扩大海上贸易的作用，但在“天朝上国”“赏赐”“朝贡”一类不可一世的价值观主导下，郑和下西洋基本上是一种不计成本、肆意在海洋上挥霍国家财力的国家行动，直弄到难以为继才肯罢手，直弄到由大航海走入大海禁的死胡同里，并且从明朝连带到清朝。

与郑和下西洋之后的葡萄牙、西班牙、英国的海上行动相比，更能看出中国式的海上行动及海洋观的弊端。航海是中国人打开的，而航海贸易却是欧洲人打开的。中国式的政治宣传与经济贸易的失衡，导致了如此尴尬的局面：中国与隔海相望的日本做生意，远隔重洋的欧洲人竟然成了既赚中国人钱，也赚日本人钱的海上贸易中间商。更尴尬、更痛心的局面是：中国的封闭是从海上被打开的，中国的屈辱是从海上打进来的。

外国人敲开中国大门，向中国人传递外部信息也开始于明代。在这个过程中，西方传教士发挥的作用最为突出。从 16 世纪后期意大利传教士利玛窦进入中国开始，并以其为代表，中外文化交流进入了一个新的历史阶段。

比较起来，西方传教士在文化的双向交流中所起的作用较为实际，较为有效。文化的交流传播并不是某一种文化的孤立现象。传教士们在不远万里、不避艰难险阻向中国传播西方宗教文化的同时，很注重、很讲究传播的策略，如拥护和尊重官方的立场，灵活地适应民情风俗的姿态、显示和保持较高学术水准的自我形象。这样的做法，不仅能够取得民间的信任，也很容易取得官方的信任，尤其是容易取得具有很高的学术水平的高官的信任和支持。这样，他们之间相互交流的内容也就大大突破宗教的范围了。

形成良好的交流局面，与这时明代的科学技术已有大的发展关系密切。如与利玛窦关系甚好并合作开展翻译工作的内阁大学士徐光启本人，就很看重科学技术，他也是很了不起的科学家。在此背景和基础上的交流合作，就能够比较顺利地将西方文化和科学技术的传播带入较深的层面。

正是在徐光启与利玛窦的共同合作、大力推进下，一批介绍西方科技的书籍翻译过来：天文学《乾坤体义》，数学《几何原本》《同文指算》，物理学《远西奇器图说》，水利《泰西水法》，地理学《坤舆万国全图》《海外舆图全说》，火器《则克录》（又名《火攻挈要》），等等。

在向中国介绍西学的同时，传教士们也向西方介绍中国文化，如翻译儒家经典介绍到欧洲。利玛窦因此成为欧洲汉学开创者之一。双向的交流虽然局限在一定的范围之内，甚至对双方的真实性有所遮掩，但还是在一定程度上形成西学、中学翻译交流中的互助互补状态。利玛窦逝世于北京，明朝皇帝破例赐地，将利玛窦厚葬于京城阜成门外。这也说明朝廷对文化交流的认同和支持。

徐光启与利玛窦

同样来自意大利的耶稣会修道士郎世宁则是中西艺术交汇融合的一个代表。他于康熙五十四年（1715）来华后，由于绘画艺术的特长，很快就进入清宫如意馆成为宫廷画家。一个年轻的外国传教士、艺术家的被重用，自然与康熙帝一直高度重视吸收西方科学文化、依重西方传教士发挥这方面的作用分不开。

在招郎世宁为宫廷画家之前，为学习各种科学知识，康熙帝已与多位西方传教士有着密切交往。康熙帝让画西画的郎世宁学画中国画。郎世宁将西方绘画的比例、透视、光影等技法融入中国画传统图式之中，给宫廷绘画吹来了新

郎世宁《午瑞图》

鲜的西洋风，创造出中西合璧的新画品。郎世宁历康、雍、乾三代，在清宫长达半个多世纪，直到逝世后葬于北京。

最受中国皇帝看重的西方画家郎世宁虽然创作了大量的绘画作品，其中不少堪称巨幅大制，可惜的是，虽有帝王意旨，但并未能在除他以外的更大的范围内、在中国绘画艺术发展中发挥出明显的中西融合、推动艺术创新的作用。这与大的文化艺术环境有关，也与仅仅局限于郎世宁个人艺术行为，且局限于单向艺术交流有关。

除了宗教方面的影响，除了传教士对上层的影响，传教活动在文化科学方面对社会、对底层群体的影响不可忽视。如教会在医疗卫生、婴幼孤儿、学校教育、灾荒救济等基本生活、生产条件改善诸方面所起的积极作用。

与最基本的生存状态的改善结合在一起的宗教文化传播的能量及连带的西方文化的传播，产生了让事实说话的、助推文化文明传播的功效。

到了19世纪后半期、20世纪初，西方文化的传播形成一时的西学热。西方文化传播的重大的社会作用是西方近代文化中的价值观、伦理观、生活方式对中国近代化进程形成的影响。这一文化现象，又与社会变革、社会革命紧紧联系在一起。戊戌维新时就有传教士的政治参与。

不过，从总体上考察，中西文化交流中西方文化所具有的人文启蒙、社会变革、新型国家形态、国家体制等事关国计民生的文化内核，始终无法进入皇权帝制统治者治国理政的视野之中，即便介入，也成昙花一现。科学技术的传播也难于在提高社会生产力及军事实力方面发挥实质性的作用，越到后期，反倒越走向器物之享用。

这主要是由皇帝及皇帝身边的核心官员始终认为自己的国家是天下中心、天下第一的心态决定的，根本用不着看其他国家怎么想、怎么做，以及发生了什么变化。

由此种心态形成的封闭格局，到清代越来越严重，而外部世界却发生着迅猛的变化。宫廷高层对待外来的新鲜事物、新奇器物的主导理念与实际行动，由称之为奇技淫巧的排斥，走到好奇、猎奇，最后终于走到利用特权自己享用的邪路上了。

这既是“中学为体、西学为用”的变异，也是这一先天性的错位主导中西关系的核心理念的真实写照。

一手把几千年历史的帝制送上死路的慈禧太后，一方面变本加厉地集权专权，镇压维新变法；另一方面又迷恋于“西用”：如对化妆照相的热衷；主动地请外国画家为自己画油画像，并隆重地送到美国博览会展出；乘坐机器发动的快艇游颐和园；把三架钢琴摆放在颐和园的住处；欣赏由欧洲人指挥的欧洲的铜管乐器、弦乐器演奏外国乐曲；让欧洲马戏团进入颐和园表演；在西苑修建小铁路；乘坐新交通工具小火车、日本洋车、外国小汽车——本来可以寄予大希望的文化科技交流盛事，就这样轻易地缩进宫廷的生活小事，消解在帝王的奢华享受之中，而对国家、对民生，则没有起到任何有益的作用。

七、故宫：从皇宫到博物馆

在世界博物馆发展历史上，由皇宫——权力与财富的集中之处和象征之地转变为公共文化机构性质的博物馆，是一个普遍的现象。这种现象主要是由权力决定的。由帝王及其家族专有并独享的垄断性文化资源，转变为社会共有、公众共享的文化资源，这是历史发展、文明进步的明显标志。中国历史上最后的皇宫、中国明清两朝长达五百年历史的皇宫，因帝制皇权的终结而转型为故宫博物院，虽比世界上同类的文化转型晚了许久，但本质是相同的，同样是这一世界性文化转型中的重要组成部分。

遗址类博物馆的遗址、遗物，尤其是与历代帝王将相密切相关的遗址、遗物，以及历史类、综合类博物馆中的大量珍稀藏品，尽管来源不同，但因为它们原生时期与历代帝王将相的密切关系、与权力与财富的密切关系，后来都成为现代博物馆的主要依托和重要藏品，也成为现代文化转型的重要组成部分。

这类遗址博物馆中的遗址、遗物，历史类、综合类博物馆中的这类藏品，从文化类型上看，无疑属于产生和形成它们的那些时代里起着统治作用、主导作用的主流文化类型。它们之所以能够流传久远，与它们的身份，与对它们的身份认同直接相关，也与它们自身的构成，包括材质、技艺、文化意蕴直接相关。而这一切，又源自处于统治地位的权力与财富。在这个意义上，可以认定它们是传统文化的承载者、传统文化的物化代表与象征体。而博物馆的出现，则是文化进程中走进现代文化的一个重要标志；博物馆文化，是现代文化形态中的一个重要文化形态；博物馆承载的文化功能，是建设现代新文化。传统文化和现代文化，传统文化和博物馆文化，是两个文化概念、两种文化形态。因此，对于这类博物馆来说（这类博物馆在我国博物馆中占有较大的比重），对于博物馆中的这类藏品来说（这类藏品在我国博物馆中同样占有较大的比重），博物馆内容构成中的传统文化的现代转化问题，就成为传统文化如何博物馆化的问题了。

故宫文化的博物馆化是一个动态过程。故宫文化的博物馆化，实质上是以传统文化为主要内容的传统文化的现代转化。

故宫文化经历了皇宫、故宫、故宫博物院三个不同的历史阶段。三个不同的历史阶段，分别呈现着三种不同的文化形态。三种不同的文化形态的演变过程及其相互之间的复杂关系，就是故宫文化的博物馆化过程，亦即故宫文化、传统文化的现代转化过程。

第一阶段，皇宫时期的皇权帝制文化形态。主要特征是在继承以往皇权文化的基础上，进一步使这种居于统治地位的传统文化形态更加完备，更加严密，更加成熟。

第二阶段，故宫时期，故宫文化博物馆化的起步阶段。辛亥革命终结了中国数千年帝制，紫禁城的皇宫功能不复存在。皇宫成为故宫。故宫的后半部分虽仍为清逊帝所据，而由中华民国内务部所辖的前半部分，很快转变为古物陈列所，正式对社会公众开

▲ 故宫博物院午门旧照

放，并在故宫内部新建宝蕴楼，作为专门存放文物的库房，由此迈开了故宫文化博物馆化的第一步。博物馆作为公共文化事业，作为文化教育机构，当时的主管部门是教育部。鲁迅任职的教育部社会教育司是具体的分管办事部门。作为社会教育司第一科科长的鲁迅，是筹建国家历史博物馆的具体实践者。筹备处和馆址，先选国子监，后移故宫端门、午门。鲁迅多次到故宫考察将午门、端门城楼作为历史博物馆事宜。1920 年，历史博物馆正式成立。此一事件，对于故宫文化的博物馆化来说，其意义比古物陈列所更为重大。这个时期，与宫廷文化、皇室资产连在一起的社稷坛、北海、颐和园改为公园而没有改作更为专业的博物馆，一方面可看作是故宫文化博物馆化（公共性）的组成部分，另一方面也反映出在故宫文化博物馆化进程中博物馆理念的缺位。

第三阶段，故宫博物院时期，故宫文化全面博物馆化时期。这一阶段从清逊帝出宫，故宫博物院成立、开放开始。1925 年 10 月 10 日，故宫博物院的匾牌悬挂在神武门上，标志着故宫文化真正的博物馆化、全面的博物馆化开始了。

故宫文化的博物馆化虽然是一个非常复杂的文化流变过程，但是，一个基本的事实是：紫禁城作为帝制统治核心功能的终结，是民主革命的结果；皇帝的旧宫殿转型为人民的博物馆，是民国时代的文化革新与文化建设的结果。在紫禁城这样一个不曾改动的空间中，随着时间的流动，演绎着和累积着皇朝与民国、君主与民主、集权与公权的对峙与交替。文化资源所有权、使用权、功能与服务对象的根本性转变，意味着由皇权帝制起决定作用的文化垄断形态向为人民服务的文化民主形态的文化转型基本完成。

文化民主的实现绝不等于民主文化的实现。

由皇宫转型为故宫博物院，由皇权君主文化形态转型为为人民服务的文化民主形态，仅仅是文化转型的第一步。

由权力、财富、地位创造和主宰的皇权文化形态，在博物馆公共文化形态中，仍然以“文物”的形象被保存，并直接面向公众。皇权的文化形态、帝制的文化形态不仅仅贯穿在紫禁城五百年的帝制历史中，至少贯穿在从秦帝国就已经开始的两千多年的历史中。而明清两代的帝制阶段，由于皇权帝制文化形态更加完备和成熟，呈现形态也更加清晰，更加突出，更加张扬。我们现在看到的紫禁城的辉煌和壮美，来自皇帝的权力和权力支配下的财富。现在供公众观看的故宫的空间（包括依然置身其间的皇宫时代的用品、装饰品，现在被称为清宫旧藏的藏品、展品），承载着、弥漫着、彰显着的就是典型的、严密严酷的皇权和帝制的文化形态。置身于这样的文化形态空间里的人们，极有可能有意无意地继续被有形无形的、以权力与财富为核心的帝制皇权文化所绑架。

从保护文化遗产的角度着眼，当然必须尽可能完整地、原汁原味地、真实全面地把明清皇宫保护好，把清宫旧藏保护好，并尽可能最大限度地向公众开放，向现在和未来提供独一无二的、无可替代的中国皇权帝制时代的宫廷文化“标本”；而从博物馆文化的角度来说，则绝不是一个简单地把原汁原味的、辉煌壮美的明清皇宫交给未来的问题。

从博物馆的现代文化价值、文化使命着眼，从故宫文化的价值构成和博物馆文化价值构成着眼，在完成了“谁的紫禁城”之文化民主转型之后，故宫博物院面临的重大文化任务，是如何实现以帝制皇权为核心的故宫文化向民主文化的本质性转型，是如何推进故宫文化为真正的民主文化建设做出历史性的新贡献——承担着由君主文化转型为文化民主并继续为推动民主文化建设做贡献的博物馆文化，任重道远。

故宫文化的民主化转型的核心问题是对故宫文化的价值判断。

对故宫文化的价值判断包含两个层面：一是如何从整体上定位故宫文化的价值体系；二是对故宫文化体系的随时代发展而发展的“当下性”价值评判。

故宫博物院虽然已经走过近百年的历程，至少如下问题仍很现实：

以故宫博物院成立为标志，将君主独占的文化改变为人民共享的文化，将皇家的私藏改变为公共的所有，这只是改变了作为“物”的所有权问题，解决的仅仅是容易解决的表层问题；在更深的层次上，如故宫成为故宫博物院在文化的民主化革命方面到底意味着什么，到底应该承担什么样的文化历史使命？故宫博物院作为现代公共文化机构的价值实现到底引发过怎样的讨论？

在故宫文化体系中，“君主”与“民主”的关系如何？故宫文化的“主流”是什么，是君主文化还是民主文化？以故宫文化为代表的传统文化中究竟是君主的成分多还是民主的成分多？对于其中的精华与糟粕又该如何认识和取舍？

怎样以现代理性与观念，即以民主文化的价值观对待保存至今的故宫文化？从君主到民主，从传统到现代，故宫文化经历了怎样的演变过程，孕育出怎样的新文化的成果？传统文化、故宫文化如何在现代文化转型、文化创新中发挥应有的作用，如何在人民创造自己的新生活中发挥应有的作用？

只要站在现代理性与民主文化的立场上，就会对故宫文化做出基本的总体性评价：故宫文化是传统文化的组成部分，传统文化不都包括在故宫文化中，但故宫文化无疑是皇权帝制时代的核心文化、主导文化、主流文化。和产生这种文化的、已被终结的帝制性质一样，故宫文化从整体上看，并不是应当以承传为主的优秀传统文化，而是应当以抛弃为主的非优秀传统文化。

只要站在现代理性与民主文化的立场上，就会认清故宫文化的基本形态：故宫文化是君主型的，而非民主型的；故宫文化是沿袭修补型的，而非创造发明型的；故宫文化是自大独尊、封闭型的，而非开放包容、交流型的；故宫文化是帝王意志奢侈、独享型的，而非社会公众、共享型的；故宫文化是主奴服从、歌功颂德型的，而非制约监督批评、争鸣型的；等等。

帝制时代的社会文化基本上由皇宫文化主导。整个社会的思想文化以皇宫思想文化为核心，为中心，为统领。所谓家国天下、三纲五常、忠孝节义、仁义礼智、上下等级、主奴关系、尊卑贵贱、拜权拜金、贫富悬殊——诸如此类的文化形态、文化心态、价值标准覆盖全社会，真可谓“天网恢恢，疏而不漏”。

虽说从主导文化、主流文化看，从整体上看，故宫文化并非以优秀传统文化为主，但在复杂的文化构成中，非优秀文化中又包含着许多应当继承转化的、可以继承转化的优秀文化；即便在应当抛弃的文化中，也有经过筛选、转化而成为有用的文化营养。如做人的道德学问，如修身、齐家、治国的责任担当，如宫殿建筑、器物等物质文化和与此联系在一起的非物质文化中蕴含着的古人的聪明才智精神，等等。

以故宫文化为代表的传统帝制文化与以故宫博物院为代表的现代公共文化是两种性质完全不同的文化形态。现在的故宫博物院是引导人们理性认识帝制文化的“标本”，而不是让人们崇拜皇权“明君”的“圣地”。如何对待传统文化，是人类无法回避的世界问题。2017年国际博物馆日的主题意味深长：“面对难以言说的历史。”愈是难以说清楚，博物馆人愈是要努力说清楚。

故宫文化、传统文化的现代转化，最重要的是以现代理念而不是以传统观念看待故宫文化、传统文化，即以社会主义核心价值观为引领，以建设先进文化为方向，以人民利益为中心，以创造性转化、创新性发展、创造新文化的辉煌为目标对待故宫文化、传统文化。尤其是在传统文化大红大紫的当下，在追逐权力财富、拜权拜物拜宝之风盛行的当下，在鉴宝、藏宝推波助澜的当下，博物馆人要面对如何坚守博物馆伦理、博物馆文化价值、博物馆文化自觉、博物馆文化传播价值导向的种种挑战。

故宫文物，包括皇宫紫禁城建筑具有双重价值。这些文化遗产，一方面确实是中国传统文化的物质形态的表现，是无数能工巧匠、无数劳动人民的聪明、智慧、勤劳精神的结晶；另一方面也绝对是以皇权为核心的权力和财富的代表与象征。我们一定不能忽视由这类文化遗产有形无形地、有意无意地继续引发的对权力与财富的崇拜与追逐，不能简单地、笼统地说故宫博物院的文物是国家的民族文化的象征，甚至将其称之为“国家宝藏”。所谓国家，是哪个时代的国家？宝藏是什么意思？宝是什么意思？国宝是什

故宫博物院神武门旧照

么意思？现在所说的宝，大多无非是历史上有权、有势、有钱者茶余饭后的消遣，宫廷遗存尤其如此。确实有重要的文化艺术价值，也是文化范围里的事。任何历史时期的国家，比这重要的事多得是；就是在文化领域，比这重要的、比这有价值的事也多得是。一个明摆着的事实是，故宫博物院成立前后，一直到现在，保管文物的部门叫作古物陈列所，叫作古物部、图书馆、文献馆，叫作古器物部、古书画部，没听说叫作国宝陈列所、国宝部的。把皇权时代皇家皇宫的古物收藏叫作现代社会的国宝，民间说说情有可原，主流媒体也这么说个不停，实在是一件很没文化的事情，或者说是只看得见传统文化，看不见现代文化。

以建设先进文化为目标、为方向，当下社会对文化建设的重视前所未有。在建设现代新文化的过程中如何对待传统文化？或者说，在建设先进文化的时候，我们对传统文化应持有怎样的基本态度？应该把传统文化放在一个什么样的位置上？传统文化在建设新文化中应该发挥什么样的作用，怎样发挥作用？党和国家对我们现在如何对待传统文化的政策要求、政策导向十分明确，其核心的表述是：对优秀传统文化进行创造性转化、创新性发展。这应当成为我们对待传统文化的最基本的立场、态度与方法。

必须清醒地认识到，在这一核心表述中，在“传统文化”前面，有“优秀”二字的限定。“优秀传统文化”与“传统文化”绝对不是一个概念。传统文化是一个非常大的范围，优秀传统文化只是传统文化中的一部分，甚至是很小的一部分。如在本文前面部分做出的评价那样，在漫长的帝制时代，对社会、对公众起主宰作用的，即以故宫文化为代表的皇权文化、宫廷文化，以及由此主宰文化支配的、渗透弥漫在全社会中的主导主流文化，绝对不是优秀传统文化，而是非优秀传统文化。对优秀传统文化尚且需要“创造性转化，创新性发展”，那么，对传统文化中起决定作用的、大量的非优秀传统文化，我们应该采取什么样的立场、态度和方法呢？

必须更加清醒地看到，在文化热的当下，在传统文化热的当下，有相当部分的人们，在相当的层面和范围内，包括各级政府的管理者，包括在执行国家文化政策中举足轻重的人们、在国家文化建设中起着重要作用的人们，还有文化遗产、文物、博物馆的管理人员在谈到传统文化的时候，往往有意无意地忽略、消解阉割了“优秀”二字，把传统文化混同于优秀传统文化，甚至直接用传统文化的表述取代优秀传统文化的表述。

针对现实存在的问题，博物馆人如何在社会文化建设中发挥博物馆文化的伦理道德？如何实现博物馆的文化价值？博物馆是公共文化、社会文化，担负着向大众进行文化教育文化传播的责任，特别是像故宫博物院这样以历史文化资源为主的人文历史类的博物馆、传统文化资源非常丰富的博物馆，面对这样的需要正视和认真解决的问题更为突出：

是以现代观念、现代理性关照传统文化、皇权文化，还是以传统观念关照传统文化、皇权文化？是为了走向未来还是为了回到过去？对传统文化、皇权文化是仰视、平视还是俯视？我们的立场与角度，如果总是以皇家档案、实录、起居注为版本，而这样的角度的记载与表述，遮蔽太多，粉饰、伪饰太多，歌功颂德太多，很容易使我们陷入帝王皇权的立场与角度而不能自拔，很容易以自己对皇权文化、传统文化的跪拜引导公众也去跪拜皇权文化、传统文化。

对宫廷文化、传统文化中起主导作用的政治文化、制度文化，如何引以为鉴，如何以史为鉴、以人为鉴地看待皇权、帝制、独裁、专制、愚民等问题？

对观念文化、道德文化、思想文化，如何体现从以权为本到以人为本，从奴化人格、残缺人格到现代自主人格、健全人格的转化？从听命于、服务于一家一人到完善每个人、服务每个人的转化？

对物质文化、审美文化，如何体现从对帝王意志、权力意志、奢侈奢靡、富贵财富、土豪金式的崇拜追逐到既为公众衣食住行服务又融合自主个性的动态审美风格的转化？

归根到底，是如何在承载着、携带着复杂丰富的传统文化的物质形态的展览传播中，渗透和实现传统文化的现代转化功能，即自觉担负起实现博物馆伦理道德、博物馆文化价值的文化使命。

八、以紫禁城为“符号”的三种文化形态

紫禁城有三个名称、三重身份：一个是皇宫，一个是故宫，一个是故宫博物院。这三个名称指的是同一个对象，但各自的内涵却大不一样，它们分别具有各自的文化身份认证。从空间看，它们都属于同一个空间；从时间看，它们既各有各自的时段，又相互衔接。也就是说，这三个名称，是同一空间里不同历史时段的三种身份、三种形象、三种象征。顾名思义，皇宫是帝制的代表、标志；故宫是文化遗产的代表、标志；故宫博物院是现代公共文化机构的代表、标志。

从政治、社会层面看，皇宫、故宫、故宫博物院，此三种身份的功能界定是很清晰的：皇宫是帝制时代皇帝执掌国家政权、治理国家的所在地，是国家的政治中心、权力核心；故宫是失去了帝制统治权力、治理功能的被冷落的帝制遗产；故宫博物院则是向社会、公众开放的，为公众服务并承担社会教育职责的公共文化机构。

从文化层面看，皇宫、故宫、故宫博物院同它们的政治、社会功能一样，分别代表着完全不同的、有着本质区别的三种文化形态。第一种文化形态，即紫禁城作为皇宫的文化形态，是一切由皇帝做主的、以皇宫为载体的君主、君权文化形态。第二种文化形

态，即到了帝制结束、民国建立、皇帝退位，皇宫不再是行使皇权职能的地方，紫禁城成了故宫的时候，这样一个故宫时代的文化形态如何定义？我认为应该算作半君主、半民主的文化形态。既然国家已经是崭新的中华民国了，为什么故宫还是半君主、半民主的形态？因为已经退位的皇帝还待在故宫里，还保留着皇帝的名号，还过着皇帝的生活，还实行着皇家的礼仪。更由于在故宫里还上演了有人称帝、有人复辟的闹剧。只有到了故宫完全成为故宫博物院的时代，到了由过去禁戒森严、皇帝独占的皇宫变成了公众自由出入的公共文化空间的时代，紫禁城才进入第三种文化形态时代，即开始进入并逐步实现由君主文化向文化民主转型，再向民主文化迈进的文化形态时代。博物院，即博物馆的概念是一个什么样的概念？是近代文化的概念、现代文化的概念、现代文化民主的概念、追求民主文化的概念。所以，紫禁城的第三种文化形态，是作为公共文化体系中的文化民主形态，是和公众共同建设民主文化的文化形态。

第一种文化形态，皇宫时代文化形态，即君主文化形态、皇权文化形态。这段时间最长。自 1420 年明朝第三个皇帝朱棣从南京迁都北京，皇宫紫禁城正式启用；到 1911 年清朝最后一个年仅六岁的小皇帝在紫禁城退位，总共四百九十一年。从君主文化形态看，其实远不止这么长。人们常说中国的传统文化、文明历史悠久，且没有中断，而漫长的传统文化中起决定作用的就是连绵不断的帝王文化、皇帝文化、君主文化。就算从自称始皇帝的秦始皇开始，也有两千多年的历史了。北京的紫禁城又是最后的皇宫，做皇宫的时间本来就长，差不多占了有皇帝历史、皇宫历史以来的四分之一；再加上作为最后一座皇宫，作为继承和发展以前所有皇宫文化形态的集大成者，作为治理国家的核心，无论从政治体制上、经济运行上、社会管理上，紫禁城的功能应该是在以前基础上越来越完备，越来越完善，足以代表两千多年的皇权文化、帝制文化、君主文化、宫廷文化。况且，紫禁城以前的皇宫，不是消失了，就是只剩下一些残破的遗址。因为中国历史上有这么一个现象，即后朝推翻前朝改朝换代以后，一般情况下都要把前朝的宫殿毁掉，重新建立自己的宫殿。明朝推翻元朝之后，把元大都、中元朝的宫殿建筑都毁掉了，在元代皇宫，即元故宫的废墟上，稍稍把宫城的中轴往东移了一点，建起了紫禁城。清朝取代明朝后没这么做，直接把明朝的紫禁城拿过来做了自己的皇宫，后来的变动，也只是在原有的构建中不断地整修、增补。

故宫太和殿旧照

紫禁城正是这样一个中国皇权帝制不断地得到修补、完善的实体与象征。几千年的帝王宫殿就是这样一部历史——建造，毁坏；再建造，再毁坏；一直到紫禁城，一直到以紫禁城为核心的浩大完善的皇家建筑群。与此前相比，与秦、汉、唐的皇宫相比，宫殿的占地面积、规模、体量、气势，可能一代不如一代，但一定是修补得越来越完备，越来越规范，越来越严密，越来越高度集中地体现至高无上的皇权的尊严与权威。以紫禁城为核心的皇家建筑群，是帝制、皇权的最后的、也是最集中的建筑体现，是占统治地位的中国传统思想文化的空间环境形态的最完备体现，是君主、帝制、专制、独裁的国家体制的实体与象征。以前的宫殿，统统成了文献中的记载和考古的对象，唯有这最后集大成的皇宫、帝制功能最完备的皇宫，被完整地保存了下来，作为皇宫文化形态的标本意义，就更是独一无二，不可替代了。

一如它所代表和象征的帝制一样，紫禁城有它的辉煌，也必然有它的衰败，破坏，荒芜。1860 年英法联军的劫掠，焚毁了举世闻名的万园之园圆明园；1900 年八国联军的入侵，紫禁城门窗飘零，荒草萋萋。辛亥革命后，过去的国家核心一下沦落到几乎无人过问的边缘，紫禁城的继续颓败一直延续到故宫时期，延续到故宫博物院初期。溥仪出宫后清点各宫殿的文物，需要有专人从遍地满院的荒草中开出通道。中华人民共和国政府接收故宫博物院后，光是堆在各处的垃圾就清理出二十五万立方米，又从内金水河中清理出五千立方米淤泥。清末的紫禁城和故宫时期的紫禁城的废墟化，恰是皇权帝制日暮穷途、终至灭亡的象征。但帝制彻底消亡后，紫禁城毕竟完完整整地留了下来，虽然不再是活态的，但堪称十足的、活生生的帝制标本。现在故宫博物院的一大任务，就是对紫禁城的完整保护，就是对紫禁城的不断的修缮、维护。皇宫时期与博物院时期，同样是修缮，性质、目的则完全不同了。皇宫时代是维护和强化皇权，博物院时代是保护文物，为公众尽可能完整地保护、认识帝制历史的标本。

第二种文化形态，故宫时代的文化形态。从时间上划分，从 1912 年清朝最后一个皇帝宣布退位到 1925 年故宫博物院正式成立并对公众开放。这段时间比较短暂，前后只有十四年。清朝最后一个皇帝溥仪三岁登极，六岁退位。溥仪从六岁开始虽然不是皇帝了，但仍住在紫禁城中，直到十九岁才离开。因为辛亥革命以后有一个优待皇室的决定，允许逊帝继续住在宫里，不过只能占据其中的一部分，即紫禁城的北半部，乾清门以北的后宫部分。在这个时间段里，虽然退位的皇帝还住在往日的皇宫里，然而任何皇宫的功能，主要是统治国家的功能没有了，故宫成了名副其实的故宫。从文化形态看，我把故宫时代称为半君主、半民主文化形态阶段。

首先是故宫内部空间上的半君主、半民主。这时候的故宫被分割为两部分，呈现着两种形态。以乾清门为界，以北，原来的后宫部分，以“小孩子”逊帝溥仪为中心，依然维持着小“皇宫”的状态。中国末代小皇帝虽然失去了皇帝身份，更失去了皇帝权力，可是，皇帝的尊号、皇帝的年号依然被使用着，皇帝的架子依然被维持着，虽然只是在不为外间知道、不为外界关注的小小的范围里，但依然日日磕头、请安，依然被很少的人前呼后拥。不过，这最多只是昔日皇室日常生活的一点点保留，且只存在于“小孩子”与一帮伺候“小孩子”的人们之间。这样的小朝廷尽管纯粹符号化了，但在特定的时空里，仍是可以寄托保皇念想与复辟愿望的精神领地，仍有不可忽视的紫禁城皇宫的象征意义，并随时有可能起到实际上的号召作用。在遗老遗少眼里，只要皇帝还在宫里，似乎就预示着某种希望。1916 年袁世凯的称帝丑剧、1917 年张勋的复辟闹剧，虽然只落下个与小朝廷与小逊帝同病相怜、顾影自怜的笑柄，但他们之间的呼应还是引人注目的，它显然是君主文化在政体形态上的回光返照。1924 年力主驱逐溥仪出宫者正是从保卫民主共和、杜绝帝制死灰复燃、斩断复辟孽根的政治高度看待和解决溥仪的去留问题的。驱逐溥仪出宫的冯玉祥就说过这样的话："在中华民国的首都所在地，居然还存在着一个废清的小朝廷，这不仅是中华民国的耻辱，也是中外政治阴谋家随时企图利用的孽根。现在稍明事理的人，无不以留辫子为耻；留溥仪在宫里，就等于给中华民国还留着一条辫子，这是多么令人羞耻的事啊！"

故宫的前半部分，即乾清门以南，原来的前朝部分，则归中华民国政府所用，由政府内务部管辖。1913 年开始筹备，1914 年在这一区域正式成立古物陈列所，并为陈列所改造了武英殿，在武英殿旁边新建起储存古物的库房宝蕴楼。古物陈列所成立后向社会开放，接待观众。1917 年，设置于国子监的历史博物馆筹备处（1912 年设立）移至端门、午门一带。如古物陈列所成立时向社会公告的那样，该所"以为博物院之先导"，并非完整意义上的博物馆，只是较为简单地保存与摆设部分古物而已，从组织管理到实际运行，均谈不上充分展现和发挥博物馆职能，并未引起社会的广泛关注，有观看古物陈列者亦多不满意。历史博物馆则长时间处于筹备阶段。若从博物馆的视角看，观念、机构、管理上的先天性缺失，导致其很难有所作为，难以有效显示博物馆与社会公众关系的文化价值，再加上与后半部分小朝廷的关系在公众视野下显得不明不白，又有称帝复辟的闹剧在前半部分、即古物陈列所所在的宫殿区上演，本来是两副面孔、两个身段的故宫更加不伦不类。

更为实质的问题是，紫禁城资产归谁所有并未明确解决。普天之下莫非王土还是莫非民土？皇家拥有的不可移动与可移动资产姓"公"还是姓"私"？故宫的后半部分是归皇室所有还是所用？前半部分是归民国政府所有还是所用？辛亥革命后民国政府发布的清室优待条件中明确规定清室"私产归清室"，一切公产归民国政府，但何为公产？何为私产？逊帝"暂居宫禁，日后移居颐和园"，宫禁是公产还是私产？颐和园是公产还是私产？民国政府拨给逊帝“岁用四百万两”，仅是生活零用费还是包含了居住费？对此，各层人等各有心态，各持不同意见。就说设于紫禁城前半部分归民国政府内务部管辖的半遮半掩、半开半放的古物陈列所吧，从皇家禁地承德等地运至此处的古物，民国政府是作价给逊帝打了“白条”的；古物陈列所展出的古物是清室借给陈列所做摆设的；张勋复辟时，古物所的所长还被列入溥仪集团的名单中。

其次是国家政体、社会存在意义上的半君主、半民主状态。这个时段与故宫仅仅一墙之隔的地方，则完全是另外一个轰轰烈烈的崭新世界。位于故宫东北角外的北京大学，在辛亥革命之后很快成为中国新文化运动的发源地。新文化、新思想风起云涌，新人物层出不穷，各类社会团体活动频繁，作为公众信息传媒和宣传各自主张和言论的报纸、杂志花样翻新。新气象与旧宫殿、新青年与遗老遗少、新文化新道德新思想与旧文化旧道德旧思想、民主科学与君主愚昧、新世界与旧世界，也就一条护城河的距离。

被宽宽的护城河和高高的城墙维护着的故宫，俨然一块民国首都中心的君主“飞地”。故宫内里的光怪驳杂，宫墙内外的强烈反差，同国家政体的君主立宪、虚君共和、民主共和的碰撞、选择、较量及实际运行，同社会各派系势力的你争我夺，同新旧文化思想道德的论战形成种种奇特的关系。外面的世界乱象纷呈，里面的世界绝望无奈。旧人物眼中的故宫，已是失守的城池；新人物眼中的故宫，已是失去灵魂的“木乃伊”。与辛亥革命的指向一致，对立的双方都是从皇宫的政治生命上判定它的实际作用和象征价值，就连文化思想领域的论战也很少把故宫视作某种文化形态而作为论证的对象。帝制一旦终结，故宫便不再引人关注，除了袁世凯称帝和张勋复辟的短暂时刻。

再次是意识形态、文化形态上的半君主、半民主。末代皇帝，退位的“小孩子”溥仪是最好的例子。溥仪一方面继续其盲目的、也是无忧无虑的、甚至无人搅扰的皇宫生活，另一方面也在时时刻刻经受着新思想、新文化的冲击。1919 年，爆发五四运动那一年，溥仪十四岁的时候，请来了一位叫作庄士敦的英国人当他的英语老师。这个现象很有意思。英国是老牌的资本主义国家。17 世纪西方资本主义已经形成，英国就是代表。18 世纪西方的工业革命龙头也是英国。火烧圆明园有英国，八国联军侵入紫禁城也有英国。中国和西方的关系，竟以这种奇异的方式投影于少年“逊帝”。庄士敦在教溥仪英语的同时，自然也在有意无意地用西方的文化思想影响他的下了台的中国皇帝学生。曾被叫作“奇技淫巧”的新奇玩意儿纷纷进了故宫。身居故宫深处的溥仪绝对是那时的时尚少年：念英语，看电影，听留声机，养洋狗百余条，玩玩具，吃西餐，戴墨镜，骑自行车，挎照相机，打网球，弹钢琴，读新报新刊，打电话。仅英国“三枪牌”的自行车就买了好几辆。故宫北半部有好多门槛被锯掉了，就是为了给溥仪骑自行车，在宫里转悠开辟无障碍通道。庄士敦想西化溥仪，也想西化中国，但他没有那么大的野心，也没有那么大的能力，最后的结果却是他自己反被中化了。他对溥仪完全是臣子对皇帝的态度，磕头，请安，俯首称臣，一律遵循宫里的一切规矩。庄士敦离开溥仪以后，不论在中国，还是在英国，只要有机会，就会想办法去拜谒溥仪。晚年回到英国以后，他已经无法回到西方文化中了。他一辈子没结婚成家，一心一意地惦记着溥仪，溥仪是他的“皇帝”。他无法摆脱回到英国后的孤独，就去英格兰高地买了一座小小的岛屿，在小岛上盖了一座房子。小岛叫国王之岛，房子取名帝室，在房子门口挂了一面旗子，旗子上写着“满洲国”三个字，因为那时的溥仪正做着“伪满洲国”的“伪皇帝”。

在英国人庄士敦被异化为一个黑色幽默符号的同时，溥仪同样被黑色幽默着。庄士敦对溥仪的影响虽然比不上溥仪对庄士敦的影响大，但这位被关在故宫里的“小孩子”基本上过着洋气十足的生活。不过，作为黑色幽默符号的溥仪具有鲜明的二重性——他的“洋化”了的“新作派”的行为方式大多属于好奇、猎奇的“小孩子”型，而起主导作用的还是骨子里的“皇帝”型。溥仪并没有像他同化庄士敦一样被庄士敦的西方文化同化。溥仪虽然不是皇帝了，但是他仍然一直被周围那帮人当作皇帝伺候着，“拥戴”着，包括英国人庄士敦。隆裕太后代表他颁布“退位诏书”时，他才六岁。他觉得自己还是皇帝，还以为紫禁城是他的家，他还有权支配那些东西。虽然自我感觉良好，但到底心虚，随意赠送宫里的珍贵物品总不是十分理直气壮，往宫外转移也多半有些偷偷摸摸的样子。就这样，溥仪还是把宫里好多珍稀物件赠送给中华民国的各级政府官员，具体多少无可计数；通过弟弟溥杰转移出多少也无可计数，光是历代书画就有千余件。上行下效，他身边的那些人也在变着法子往外拿。有人提醒说，得管一管。溥仪说，那好吧，明天就查。于是，当天晚上，集中存放古物的建福宫就被大火烧毁，仅从灰烬里就拣出数十斤融化成一片片一团团的黄金。奇珍异宝、历代书画，到底烧毁多少，谁也无从知道了。也许溥仪并不怎么心痛，他可能也知道这么多东西迟早不是他的，保不住，

故宫太和殿前丹陛石旧照

烧了也罢；所以，他把废墟草草整理了一下，就把它做了自己的网球场，做了自己的自行车车技训练场。

只有在过渡时期具有双重性的两面故宫里才有可能不断上演此类历史黑色幽默剧。1922年，故宫装了电话，溥仪试着玩儿，不知怎么就打到胡适那里了。胡适虽已是新文化运动的大名人，但还是有些异样的兴奋，毕竟是“皇帝”亲自打过来的。胡适接着被请进宫里，受到溥仪当面“垂询”。胡适惊讶于深宫里的溥仪居然也看新报新刊，也读他们的新诗。溥仪居然还很具体地问到康白情、俞平伯的新诗，并说他赞成白话，也试着写新诗。这肯定使这位极力倡导白话文的、出版了中国第一本新诗集《尝试集》不久的胡适大为感动。他们还谈到皇产的问题、出洋留学的事。胡适给溥仪出了些皇产清理、独立生活的主意。在清室财产是“公”是“私”的问题上，胡适持清室私有论，主张作价有偿收归国有。也许是胡适的主张深得溥仪欢心，1924年溥仪再度召见胡适。溥仪被逐出故宫后不久，胡适还到溥仪住处拜访，说了些鼓励溥仪实行出国访问计划的话。胡适很想以他的方式影响这位处境“寂寞”“可怜”的“年轻人”，但无济于事。也是1924年，溥仪还在御花园设宴招待访问中国的印度大诗人泰戈尔及陪同泰戈尔的徐志摩、林徽因。白胡子诗人、摩登文化男女与摩登皇帝坐在御花园里喝咖啡，喝英式下午茶——到底是英国式的做派，和胡适的美国式的实用主义大不一样，溥仪与泰戈尔、徐志摩、林徽因的相互观光式的符号化的黑色幽默更加单纯。正如溥仪不可能被庄士敦“西化”一样，他也不可能因阅读新文化运动中的新报新刊，因与胡适、徐志摩这样的新派人物来往而被“新化”；但这种即便是“旧”“新”之间的符号式的“相互关照”，也还是会产生一些深层的心理影响。

不管有何种文化在何种程度上渗透与影响，说到底，作为皇宫的紫禁城符号的核心指代是帝制、君主；成为故宫之后则是半君主、半民主，君主与民主纠结的符号；只有到了故宫博物院时代，它才成为完整意义上的民主符号。

第三种文化形态，即故宫博物院时代的文化形态。按时间段划分，从1925年故宫成为故宫博物院以来，一直到现在，仍然以紫禁城为符号的文化形态已经转化为文化民主和建设民主文化的文化形态。

1924年，冯玉祥出面把溥仪“请”出故宫前后，政界、文化界，社会各界都在追问：故宫到底是什么？故宫到底是谁的？故宫到底怎么办？如果说紫禁城是皇帝的，辛亥革命后的故宫就不是皇帝的，而是全民所有的了；但怎样才能落到实处呢？唯一的办法是把过去的皇帝“请”出去，并把它立即改变为全民共有、共享的公共文化机构博物馆。

从辛亥革命到故宫博物院成立的十几年间，社会形态与文化形态已经发生了翻天覆地的变化。虽然民主共和的国家体制半生半熟，社会结构与运行远非真正的民主，起决定作用的仍是军阀的“武化”而非民主的“文化”；但辛亥革命使民主共和的观念深入人心，新的政体再不成熟，总统、总理部门长官即便走马灯似地上来下去，管理效率管理水平无论多么低下，社会多么混乱，可是再怎么乱也乱不回帝制时代去了，袁世凯称帝不行，张勋辫子军复辟更不行。在文化领域，从清末开始的规模不小的派遣留学生以及派官员出国考察，使得世界文化、现代文化迅速地、大量地传入中国，辛亥革命以后民主文化形态更见张扬。发展到五四新文化运动，高高举起了民主、科学两大旗帜，更是大张旗鼓地推进了文化民主运动。由于那时作为“新媒体”的报刊的强势传播，学者、学生、文化人拥有的占压倒优势的话语权，文化运动、文化民主的社会影响远远超过了政治民主、社会民主。在这样的政体与文化背景下，才有驱逐溥仪出宫、建立故宫博物院的顺利进行。

故宫博物院的建立与建设，与在此之前已经成立十多年的古物陈列所完全不同。以社会各界名流组建清室善后委员会，构建故宫博物院董事会、理事会与具体职能部门的管理模式，依靠以北京大学学者为主的学术名流参与博物院初期的建设，及时清点文物并向社会公布，不断推出各种专题文物展览，陆续创办数种刊物公开发行，吸纳社会赞助修缮危损建筑等等，足以表明那时的人们的确是在以全新的理念与体制机制去创建和管理故宫博物院的；也是在以与新的国家体制机制相应的理念与方法，实施着对公共文化机构之管理、对文化民主之管理的。1925 年 10 月 10 日，“故宫博物院”五个大字高悬神武门。神武门大门洞开，数万市民争相涌入昔日可望不可即的皇宫禁地。虽然未能与君主帝制转型为民主共和的国家革命同步，禁戒森严的皇家禁地毕竟终于变成民众可以自由出入的公共文化空间了，参观故宫博物院立刻成为北京百姓的盛大节日。故宫博物院的建立与开放，是以文化民主的形式实现了对君主的紫禁城，对半君主、半民主的故宫的彻底转换。只有在这个意义上，才可以认为故宫博物院的建立是辛亥革命在文化领域里收获的民主果实。

从故宫博物院成立暨对外开放的仪式上的讲话中可以看出，不论是民国总理还是民众代表，均把故宫博物院的建立与民国的建立，把故宫博物院的建立与民权的收回，把反对故宫博物院与反对民国、放弃民权视为一体。此种高度一致的政治层面的认同，说明表现为文化民主的故宫博物院建院之所以如此盛况空前，实乃全社会政治聚焦的结果而非文化聚焦的结果，是民主政治之盛况而非真正的民主文化之盛况。皇宫转型为博物馆最重要的成效，是把帝制结束之后社会与民众普遍关心的、以皇宫为核心的皇家资产到底应该属于“谁”的问题的解决落到了实处，并最终画上一个圆满的句号，给了社会与公众一个公开而明确的解答。

由此可见，大多数人看待故宫博物院的视角，继续保持了与看待辛亥革命前的皇宫紫禁城、看待辛亥革命至故宫博物院成立期间的故宫的一致性——故宫博物院依然是国家与权力所有的象征符号。后来，围绕故宫博物院发生的重大事件，此种视角仍在延续。如建院数年之后，因抵抗日本侵略而开始的故宫博物院文物大迁移。当时的政界、军界、故宫博物院同仁，不约而同地把故宫文物南迁，把南迁中的文物展览，特别是远涉重洋参加国际展览，与国家形象，与中华民族历史紧紧地联系在一起，把保护文物与保家卫国紧紧地联系在一起。保护文物即保卫国家，在国际上展示中国文物即是向全世界展现中国抗日的意志与抗日的形象，即是在全世界反法西斯阵营中争取自己的地位。在一般情况下，博物馆的藏品与国家、民族相互指代的关系实则更为深远复杂，但在国难当头、民族矛盾聚为焦点时，全民齐心协力保护国家文物安全转移，不畏险阻、远涉重洋向全世界展示，就直接地、简明地成为文化抗战、全民抗战的重要组成部分。后来部分文物迁往中国台湾，再后来在台北建成台北故宫博物院，从当局给予台北故宫博物院的地位及导向看，更能看到在政治主导层面，是把期望故宫博物院发挥民族文化象征作用摆在第一位的。

作为国家形象与权力归属的象征性符号，不论是皇宫，是故宫，还是故宫博物院，尤其在社会大变革时期，在民族危亡之际，在国际交往中，其象征性符号的意义与作用便立刻处于首要地位，并且，其符号形象可以起到的作用的确是无可替代的。此种政治层面的象征符号意义仍将继续；但对于作为公共文化机构，对于承担建设民主文化使命的博物馆来说，博物馆民主文化价值的实现在较长时期内却由于政治主导的强势未能引起足够的重视。政治层面的符号作用固然可以继续发挥，而被遮蔽已久的文化层面的文化形象与文化内涵的转型则不可以继续被忽视下去。这是作为现代文化形态、文化民主形态、建设民主文化形态的博物馆文化，也就是故宫博物院文化形态应当承担的文化使命。

九、故宫文化研究中的价值观问题

故宫文化研究中的价值观，即研究和评判故宫所承载的悠久丰富的历史与厚重复杂的传统文化时依傍和运用的价值体系，归根结底还是“当下”如何解读“传统”的问题，还是任何历史都是“当代史”的含义。

基础是还原研究，所谓还历史的本来面目；重点是评价性研究，是理性批判。也就是治史向来看重的史与论、知识与见识的关系。缺乏客观的、真实的、严谨的还原性研究，谈不上理性的评判与见识；当然，有了前者，也不一定必然有后者，但一定可以为后者提供充分讨论的基础，奠定产生和发扬真知灼见的基本条件。

不论是以还原研究为主，还是以评判性研究为主，当然更多的应该是你中有我、我中有你的综合性研究，不管何种研究，提出应当达到当时与现时的最高历史水平的要求，任何时候都不算过分。

以皇宫建筑研究为例。皇宫建筑紫禁城是故宫最外在、最鲜亮的标志。这些年来下大力搜罗、辑录、整理，陆续编辑出版的《明清宫廷建筑大事史料长编》，无疑是填补空白的还原性研究。多年来一直进行着的保护研究、修缮研究、建筑科学研究、建筑工艺研究，已经积累了丰富的研究成果。这些都是非常必要、非常重要的。不过，紫禁城作为皇宫，作为发挥专制统治核心的功能早已成为历史；今天的紫禁城，已经成为千百万人自由出入的公共文化空间了。当这么多的人们面对曾经极端地凸显了皇权至高无上、神圣不可侵犯、至今依然保存完好的历史建筑形态时，应当有何感想又如何认识呢？也许这是更重要的、最需要做出价值判断的论题。

有人亲口告诉我，从天安门走进紫禁城，走啊走，看见太和殿，腿一软就跪下了。我说不至于吧？为什么要跪下呢？累了吧？他说，不是，紫禁城，震撼！多么大的力量啊，把膝盖都震软了。仔细想想也不无道理。从永定门开始，乃至从更远的地方开始，一条笔直的中轴线，一直通到太和殿的“宝座”上。试想，怀抱着一定要亲眼看看皇帝的金銮宝殿的心愿，穿过永定门门洞、前门门洞、明朝大明门、清朝大清门、民国中华门门洞（已不存，现毛主席纪念堂所在地）、外金水桥、天安门门洞、端门门洞、午门门洞、内金水桥、太和门，到太和殿广场了，突然看见了蓝天白云中雄伟的、皇帝的金銮宝殿，这是一种怎么想也想不到的经过。我想，刹那间确实能够涌出那种被震撼倒的感觉，腿一软不就跪下了嘛！

当然，现在有人下跪只是一种极端的表现，但从根本上看，皇帝就是要依凭这个造成无比的威严、无上的权威啊。不管北京城有多大，紫禁城有多大，所有的建筑都在突出唯一的皇帝的这个位置。皇帝已经不是一个具体的人了，是一个抽象的位置了。不管谁坐上这个位置都行，撒尿的孩子坐上去也行。坐什么人不重要，那个位置最重要，这就是皇帝的宝座的核心价值。我们的问题是要研究，修建紫禁城时用什么手段达到了强化皇权位置的这一目标。为什么设定了这样一个建筑目的，就能够做到让建筑实现这样一个目标？过去是所有人必须下跪的，但为什么会影响到现在？为什么紫禁城会有这样的效果？皇帝要的就是这个效果，你跪下了，正中皇帝的下怀；他就是要把皇权推到至高无上的地步，让你进了这个空间，就自觉不自觉地腿一软跪下了，这就是帝制时代的紫禁城建筑的核心价值。

我们今天建造一处地方，让你见了就跪下，这肯定不行，现在要的是人人平等，谁也不会再去营造这样一个建筑空间。建造紫禁城所追求为皇权、为帝制、为专制、为等级制服务的价值体系，现在谁还需要呢？没人需要了，这是要批判的、被抛弃的价值体系。但是，我们要弄清楚这样的价值观念，是怎样通过形态化的方式呈现并被强化的。研究清楚当然很有价值，因为任何时候都有这样、那样的价值体系需要形态化呈现并被强化。

随着紫禁城原有的使用价值的消失，作为文化遗产的审美价值会越来越被强化。公众文化素质大大提高，审美需求迅速增加，走进紫禁城的人们会思考：紫禁城为什么这么好看、耐看？一般说，把大红、大绿、大黄堆积在一起肯定不好看，但大黄、大红、大紫的紫禁城为什么这么好看？百看不厌？紫禁城的大面积铺排开来的金黄色大屋顶，你站在景山上放眼望过去，灿烂辉煌，好看！老百姓家盖房子，用大黄屋顶，肯定不好看，为什么？紫禁城的宫墙，那么大面积单调的紫红色，为什么好看？紫禁城的彩绘，颜色丰富不丰富？赤橙黄绿青蓝紫，什么色彩都有了。按理说，这些色彩堆积在一起，能好看得了吗？哪个姑娘肯将一件赤橙黄绿青蓝紫的衣服穿在身上试试？但是故宫的彩绘就是好看，为什么？这就是它特殊的美学效果。美学效果和整体理念有什么样的关系？这类问题是需要我们去研究的、具有永恒价值、永恒意义的问题。紫禁城，如紫禁城这样的人类文化遗产，有许许多多文化的价值、美学的价值等待我们去发掘。

帝制、皇权、等级与皇宫的建筑形态是什么关系？从建筑理念、建筑思想、建筑文化层面研究和解读往昔的皇宫肯定是非常重要的课题。紫禁城已经成为历史，我们为什么还要精心地保护？除了理性地认识历史，还有没有实用价值？使用的价值一去不复返了，审美价值应该与时俱存。从建筑艺术，从建筑审美的层面研究皇宫建筑就会成为一个研究不尽的课题。

我曾尝试从图像学、视觉艺术的角度研究紫禁城。紫禁城给我的感受是：它其实是一个“主题先行”的艺术结晶，即中国帝王意志、统治思想、传统文化的艺术结晶。紫禁城是中国古老哲学、诗学和传统礼制、礼教的形体化、格式化、标准化。紫禁城的选址、规划、布局、结构、造型、着色，紫禁城的高低错落、疏密协调、宽窄相间、空间节奏、光影变幻，紫禁城整体的统一、完备、端庄和变化差异中的对应、和谐、均衡、灵动，不是在建筑美学的指引下完成的，而是在帝制、宗法、礼教理念的指引下完成的。

悠久深厚的中国传统文化是紫禁城定位奠基的原点，是紫禁城营建的基准线，或者说古老文化、政治体制、社会结构、礼制理念左右了建筑审美取向——这正是中国古代宫廷建筑审美的独特性、根底性所在。

找到了这个文化之本、文化之根，也就找到了面对紫禁城宏大建筑群之时，我们为什么总是被建筑政治理念与建筑艺术审美二者之间竟能如此完美地统一再震惊的根本原因。我们因此而更加确信：伟大的美在于整体而不在局部，任何时候伟大的美都是整体的美，这样的伟大的美一定有它的深深的文化之根——整体的浪漫想象与细节的灵感闪烁镶嵌在高远、博大、深厚、精致的文化背景上——我发现，我从图像、视觉艺术出发，结果回到理念、思想、文化上了，它们之间的关系，也许是最有意义、最有价值的。

再以故宫藏品为例。被世人称为稀世珍藏的一百八十万件以上的藏品是故宫深处最隐秘、最吸引人的文化资源。大陆人到台湾的多了起来，到台湾一定会到台北故宫博物院去看展览，转一圈，看见上千件的展品，就觉得北京故宫好的东西都跑到台湾了。其实，他是没有到北京故宫博物院去看，或是到了只顾看宫殿，没看展览。北京故宫里的书画馆、陶瓷馆、珍宝馆、钟表馆、玉器馆、青铜器馆等常设展展品上万件，仔细看，两三天也看不完。

比起看没看到藏品，从藏品中看到什么更重要。到过台北故宫博物院的不少人还会这样说："看看人家的'红烧肉'（肉形石），看看人家的翠玉白菜，多好！"

故宫博物院建院时清点文物，天字第一号（按千字文排序）文物是什么？是皇帝的宝座吗？不是，是乾清宫门口用来挡门的小木头板凳。清点文物的人员第一眼看到的是它，就把这个小木头板凳排为上百万文物中的第一号文物。这就是博物馆人的博物馆文化价值观，而不是值钱不值钱的价格观、宝贝观。从历史价值的角度看，从皇宫到故宫再到建立故宫博物院的巨大历史变革的角度看，从博物馆文化的角度看，是"红烧肉"、翠玉白菜有价值，还是天字第一号的木头小板凳有价值？

现在的社会导向往往简单地以值多少钱来衡量文物的价值，把价格混同于价值，张口就问值多少钱。就说那颗翠玉白菜吧，值多少钱？它的价值在历史价值、审美价值上，不在价格上。这件工艺品是做了瑾妃的陪嫁才进到宫里的。料并不算好，工艺很好，寓意也好，一表清白，二祈多子。这只是还原性叙述。今天我们看这颗翠玉白菜，应有更丰富的审美发现。正如一棵白菜不是天生的，是种菜的农民耕地、育苗、施肥、浇水、管理，才长成一颗水灵灵的大白菜一样，翠玉白菜的产生是一个审美创造的过程。是谁，又如何把一块石头变成了白菜？什么样的创意？什么样的造型？什么样的工艺？想法是怎么来的？怎么雕得那么像白菜？他为什么对白菜有这么深的感情呢？他的美学观是什么？是崇尚自然的美学观，还是尊重劳动的美学观？为什么齐白石经常画白菜、画石头？为什么他就是劳动人民的知音？他就是根植于劳动人民的"菜根"？我们现在叫草根吧，白菜就是菜根啊。古人也好，今人也罢，艺术家、工匠、手艺人，他的经历、立场、选择、判断、审美追求都是不一样的。做"红烧肉"的那个人，他肯定喜欢红烧肉，不可能是吃素的，他一想起红烧肉，感觉就来了：这块石头，真像红烧肉，再看更像红烧肉。做翠玉白菜的，也许同时也是个种菜的，看见白菜有特别的感觉，他一定和白菜有很深的感情。这不是胡思乱想，也许最初就是这么回事。我们要从这种创造过程，创造出来后对人的影响来看其审美效果。为什么"红烧肉"、翠玉白菜对普通老百姓有那么大吸引力呢？为什么大家都喜欢齐白石呢？因为创造者的审美心理契合了普通人的审美心理，这就是艺术创造者和欣赏者的审美感应、审美共鸣效果，这就是艺术美的价值所在。

故宫博物院有无比丰富的历史文化资源。博物馆作为公益性文化机构，要保障公民的文化权益，要让公众共享文化资源，分享文化成果。但是，博物馆文化如何面对大众？我们研究宫廷历史，研究皇宫建筑，研究皇家收藏，我们举办展览，我们有什么样的价值观和价值导向？我们告诉老百姓的是什么？我们把传统文化资源交给社会，交给公众的同时，交给社会、交给公众什么样的认识皇宫文化、传统文化的文化价值观？如果单单是少数学者对历史学的某一很专门的研究，可以不考虑公众的认知与接受，但一旦与博物馆文化联系在一起，就不能置公众于不顾。或者说，博物馆文化就是从学者研究到社会普及的文化，是从公众认知接受到形成共同记忆的文化过程。学者与公众具有不可分割的互动关系。

即便是比较单纯的学者研究，也有一个对待传统文化、帝制文化的科学态度问题。我们常常用“敬畏”来表达我们对悠久历史、丰富传统文化的虔诚的尊重的态度，这当然是应有的姿态。但在具体的学术研究过程中，我们在“现在”与传统文化对话的时候，我们在还原、阐述、解读传统的时候，就应该不是“敬畏”“仰视”，而是平等的态度；并应特别防止盲从、泥古，更要警惕复古、食古不化，警惕“亡灵”“王魂”的“复活”。对帝制那样的制度文化的评判当然不会丧失现代理性，但对物质文化，对文物，对沾了皇帝气的物件的评价，难免有意无意之间被“帝制”，被“王魂”，被帝王意识“俘虏”或“绑架”。

把故宫文化研究、故宫文化传播与博物馆文化价值、与公众认知联系在一起的时候，尤其需要保持清醒的理性。在帝制时代，社会思想是统治者的思想。“真命天子”与“皇帝万岁万万岁”既是皇帝的统治思想理念、统治者的核心价值观，也是社会百姓的被统治的核心价值观和比较普遍认同的思想理念。帝制文化中的天命、等级、特权，与现代文化中的人权、平等、公平正义水火不容，需要我们在故宫学研究中做出鲜明的切割和创造性的文化转化。

以民主文化为标志的故宫博物院文化中的故宫文化、传统文化，如果和现代人生活不发生关系，博物馆就真的只是保留了“死”的东西，没有生命了；如果博物馆把传统的、应该扬弃的文化价值原封不动地传达给现代公众，那它还不如死了的好。历史留给故宫博物院的文化资源是不变的，但其文化价值经过我们的研究，选择成、转化成、创造成对我们现代生活有用的，能够提升我们生活质量的，能够提高我们认知水平和审美能力的，能够让我们今天生活得更好，它才是有价值的，也就是说传统的东西经过我们的选择、转化与创造，参与到我们现代生活的创造中，或者说参与到我们所创造的新生活之中，其博物馆文化价值才得以实现。如果相反，我们宣传了多年的故宫文化，如果故宫博物院的文化，给观众的文化心理影响仍是双腿一软不由自主地向皇权下跪，给观众的文化价值选择仍是我什么时候也弄一把龙椅坐坐，也弄一块“红烧肉”、翠玉白菜把玩把玩，也弄一处像皇家大院一样的院子住住，如我们常常看到的高端房地产广告词标榜的那样，这不就糟糕了吗？我们岂不是继续传播皇权思想吗？这岂不是我们最大的失职吗？

事实上，在昔日的皇宫这样一个特殊的空间里，以皇宫建筑语言为媒介，以皇家藏品语言为媒介，帝制、皇权、君主语言权力与语言暴力侵犯公众的危险时时存在。在我们把这样的文化作为主要研究对象之后，研究者被侵犯的危险同样时时存在。这就要求我们不仅要时刻提高警惕，更要有自觉、自主的应对意识。在这样一种特殊的研究境域中，以现代理性、现代价值观构建超越性的学术研究追求就是十分必要和重要的了。只有这样，故宫文化的研究才能在学术自觉之后，经现代理性价值观的指引而到达学术自信的境界。

十、吴冠中画紫禁城

2006年，吴冠中决定向故宫博物院捐赠作品，故宫博物院决定在午门正中城楼举办吴冠中历年捐赠作品汇展。我请吴先生登上午门城楼视察展厅。时值暑期高峰，每日约四五万参观者，多为青少年。只见人流如五颜六色彩带从端门涌出，流动于午门广场，涌入午门。我说：“吴先生，您的墨彩！”先生面向城台下流动的观众，静立良久。

隔天，我登门商量好捐赠和展览事后，吴先生说：“你来看，你说的我画出来了！”吴先生孩子似的高兴。我细看。特有的吴先生的彩墨：现代的色彩流动于古老的城池。上题：“故国三千里，深宫二十年。”吴先生补了一句：“古老的故宫打开大门了。”吴先生题在画上的是唐朝著名诗人张祜宫词中的前两句，后面的两句是“一声何满子，双泪落君前”。吴先生在午门城楼前想的不是多少个皇帝曾经站在这个地方的样子。他看着眼前青春靓丽快乐的年轻人，想的是五百年皇宫里无数年轻女性的悲惨命运。

吴冠中画作《紫禁城》

也是在这个时段里，吴先生又创作了两幅“紫禁城”。第二幅进一步对皇帝之城，对皇权文化做出整体性的评判。粗黑沉重的“紫禁城”三个大字，与压在其下的五彩色斑构成奇特的画面，直击皇宫文化、皇权文化、专制文化镇压生命、扼杀人性的本质。那不只是对年轻的女性生命的扼杀。光彩夺目的皇宫，实质上是暗无天日的牢笼。所有的人，不管是皇帝、宫女还是太监，或者是皇亲国戚、大臣将帅，统统是这个牢笼里的囚徒。第三幅则是以欢快、明丽、跳跃的色调，以几乎是走向极致的抽象意象墨彩，以紫禁城的色彩与游人的色彩的流动融合，对已经成为公共文化空间的故宫，抒发出浓烈的“今属人民之城，辉煌照耀，不限古今远近”的情怀。

吴冠中的紫禁城不只让我们看见新的形态、新的墨色、新的艺术，更让我们看到了现代理性的魂灵，看到了吴冠中对帝制皇权的价值评判，对传统与现实关系的艺术表达。

▲ 吴冠中画作《紫禁城》

三幅小小的作品，由此成为宏大的历史叙事。

过去的皇宫紫禁城能给我们什么？吴冠中的紫禁城能给我们什么？吴冠中的艺术表达，启发我们在走进走出紫禁城的时候，在谈论紫禁城的时候，要想到我们谈论的是中国的历史，谈论的是中国的文化、中国的传统文化。因为在漫长的帝制时代，皇宫是绝对权力者皇帝生活、居住、执政、发号施令的地方。以皇帝为主宰的皇权文化，无疑是那个时代起决定作用的主流、主导文化，覆盖和影响方方面面。那么，以皇权文化为主导的几千年传统文化中，到底是优秀文化多，还是非优秀文化多？今天的人们，到底是创造性地继承和发展了优秀的传统文化，还是因袭了太多非优秀的、甚至是糟粕垃圾的传统文化？吴冠中的紫禁城，引发我们更久远、更沉重的思考。

吴冠中画作《紫禁城》

我又想到了吴冠中的“叛徒”说。他的意思是说，真正的继承传统，就要做传统的叛徒；跟老师学习，尊重老师，就要做老师艺术的叛徒。吴冠中的紫禁城就是紫禁城的叛徒。吴冠中的紫禁城可以引发我们继续思考：如果我们的艺术家继续沉迷在传统的山水、笔墨、趣味之中，永远产生不了伟大的艺术家；如果我们的公务员继续沉迷在传统文化中，永远成不了人民的公仆；如果我们的学者继续沉迷在传统文化中，永远产生不了伟大的思想家科学家。所以，不必说对于那么多非优秀的传统文化了，即便是对于优秀的传统文化，理性的态度、正确的做法，也一定应当是创造性地转化、创新性地发展。所以，吴冠中的紫禁城，吴冠中的艺术道路、艺术思想、艺术精神，不仅是中国艺术领域里的典范，在其他领域，同样具有普遍意义。

故宫的春花

对话

整体保护中的故宫大修

紫禁城的过去、现在与未来

李文儒 X 晋宏逵

晋宏逵，著名古建筑保护、修缮专家。任故宫博物院副院长期间，负责紫禁城古建筑保护、维修工作。1982 年毕业于北京大学历史系。历任北京市文物研究所副所长，北京市古代建筑研究所副所长，国家文物局修缮管理处处长、文物处处长、文物保护司副司长。

大修的历史与历史性的大修

李文儒（以下简称李）： 现在，我们就以故宫大修作为一个案例，说说中国历史文物建筑保护中的修缮问题。人们管理、修缮自己居住的房屋，算是一种常态吧？但是，任何一种修缮，都不会像修缮紫禁城这样的皇宫、这样的古代建筑有着过去、现在和未来这么大的时空跨度和社会关注度。从历史发展的角度来看，以故宫的历史地位和现实地位，它的任何一个动作都会引起媒体和公众的高度关注。特别是故宫正在进行的"百年大修"。这些年来，不管于公于私，不论熟人生人，见面后的第一个话题几乎都是：故宫修好了没有？修得怎么样了？什么时候才能修完啊？你具体负责这项工作，向你提出的问题可能更有意思。如果做个民意调查，故宫大修大概是知名度最高的事件之一吧。

晋宏逵（以下简称晋）： 对。这是修皇宫啊！这次大修历时又这么长，全部工程需要十八年，一直到 2020 年紫禁城落成六百年。维修经费又特别巨大，大体是二十亿人民币。

李： 我从你给我的一份材料中得知，单看用料方面，到目前为止，不到五年，仅琉

紫禁城大修时拆卸下来的琉璃脊兽构件

璃瓦一项，新做的就有一百零二万件；旧的，拆下来做复釉处理后继续使用有三十八万件，合起来一百四十万件。还有黄金的使用，好像是论公斤的吧？

晋：你说的是那种加厚的金箔吧？里外都使纯金可用不起，那是镀金的，但即使这样也很多呀，总共用了一百九十九万张了。

李：仅琉璃瓦和金箔的使用量，足见故宫大修工程巨大之一斑。我印象挺深的还有一件事，就是有观众投诉，有律师帮着起诉，说你们修太和殿了，四周有围挡，不告诉观众，我进故宫没看上完整的太和殿，要赔偿我的损失。媒体也很关注此事。我曾对媒体的记者们说：第一，故宫大修我们有公告，售票处就张贴着；第二，紫禁城自其落成始，大修小修就没间断过。至于说到故宫太和殿，了解明清历史的人就会知道这样大规模的维修是几百年不遇的事情。你想，有多少人能赶上这样的机会呢？能够有机会看太和殿维修，真的是有造化了。记者们都笑起来。再有，就是故宫大修直接引发了世界文化遗产保护领域及保护历史上一次重要会议——“东亚会议”的召开，也正因为这个会议，从世界范围的角度证明了故宫大修的公众瞩目度，证明了故宫大修的世界性。所以说，故宫大修不是一个简单的维修工程，也不是一个简单的、投资了几十个亿的一个大工程，这里面凝聚了非常丰富的过去、现在和未来的历史文化的信息。这次大修终将变成历史被记载下来，事实上它已经成为重大历史事件。因为宫殿落成以后一直伴随着的就是活动在这里面的人的历史，也是这里的拥有者为使其居所、包括它的象征性固若金汤所进行的修缮的历史。能不能这么看，在修缮的历史过程中，修缮的历史就是保护的历史？我们把这次大修放在近六百年的历史长河中来关照，此次的大修与以往的历次修缮，有没有可比性？或者说它能占怎样一个位置？还可以切割得细一点儿，只上溯到皇权不复存在，宫禁大开之后的 20 世纪初，此次大修在这一百年来的数次修缮中所占据的位置和它的意义？再近一点，自中华人民共和国成立以来，快六十年了，我们就从这六百年、一百年、六十年的三个时间点来谈谈目下的大修，看看到底可以给它一个什么样的定位和评价？你作为这次大修工程实施的直接负责人，你个人的理解是什么？现在对故宫的大修有几种概括性说法，比如百年大修、世纪大修。我听说太和殿在三百年前康熙朝曾大修过，自那以后，至少太和殿的大屋顶没动过吧？

晋：有这个可能性。因为康熙时拆下的东西还有留存在我们这儿的，所以肯定他动过。

李：这就是历史吧。

晋：从这角度来考虑大修，倒是挺有意义的。我想，与其说六百年来紫禁城的历史是一个不断修缮的历史，不如说一开始就是创造的过程。你看，它在初建时就包含着一个改造元大都城的过程。最初的建设虽说是为一座皇宫，但是营建皇城本来就是服务于整个城市建设的。我觉得也可以这么考虑，即都城建设永远是围绕皇宫进行的。这不能算我独创的想法，从很早以前就有这样的观点了——“筑城以卫君，造郭以守民”。所以，皇宫建设与都城建设其实是同一个事情，目的都是为了拱卫紫禁城。也因此，北京的皇宫建设应该说是在六百年前开始的。这是一个创造的过程，这个创造是把紫禁城建在改造元大都的基础之上的。与此同时，紫禁城所在的核心部分则是一个彻底的重建，也就是把原来旧有的都推翻了。

回顾一下紫禁城的创造历史也不很顺利，也是个逐渐完善的过程。刚刚建完，因为要从南京迁都到北京，这期间有很多人反对，大家都是南方人为什么要到北方去受苦呢？当时包括北京在内的中国北方还很穷，经济文化都很不发达，而且被战争毁坏得相当严重。到了明成祖朱棣正式开始迁都的时候，大部分臣子们并没有转过弯来，并不真心认为应该定都在北京。

李：不管怎么说吧，朱棣的大明王朝的正统是在南京。

晋：所以，朱棣迁来北京以后，刚把皇太子从南京调到北京来，刚举行完春节的朝贺仪式，四个月之内紫禁城的三大殿就烧毁了。

李：那次的大殿被烧毁，其原因真是一个谜。它建造的质量很好啊。

晋：所以，那之后朱棣下了一道诏书，说自己对这事“莫知所措”，意思是我不知道该怎么办了。

李：他有没有觉得自己迁都迁错了呢？

晋：没有。底下人是有这个说法，但是他没有；他只说“莫知所措”，而且他当时也没钱再重修了，只好走人，回南京去了。但是，由于当时的历史条件限制，他儿子（明仁宗朱高炽）还想回南京，就把北京改成行在，即改成临时首都，南京是首都。这三大殿一直就没修。直到他的重孙，也就是正统（明英宗朱祁镇的年号）五年（1440）才开始修复。

李：这其间隔了近二十年吧？

晋：是的。所以，六百年前紫禁城的营建是一个创新的过程，可以简单地说是创新和完善的过程。

李：但是，创新是在它拔地而起的时候。烧毁了之后，只要再重建肯定就存在一个保护和修缮的问题了。

大修中的紫禁城

晋：我想说的就是这个。六百年前营建紫禁城，是一个逐渐创新和完善的过程。一百年前是什么概念呢？其实，紫禁城烧毁的过程，只不过是其建设本身充满着起伏跌宕的过程，充满了挫折的过程。一百年前的中国是一个什么状态呢？贫穷、落后，皇权已经衰落。如果从 2001 年往回算的话，一百年前到处应该都是废墟；1901 年八国联军刚刚入侵过，那景象一定非常地悲惨。包括紫禁城北边的御史衙门都是被拆过的，被抢过的，所以可以想见那时的紫禁城人心肯定很慌乱。而且，时值光绪末年，帝党和后党明争暗斗，真是内忧外患。皇帝处于无权状态。慈禧太后一面挪用军款修颐和园，一面改造紫禁城里的西六宫，改造她的体仁殿、储秀宫，把这两个宫合成一个宫。西六宫因此就变成了西五宫。

李：八国联军之后，紫禁城里真是一片狼藉。曾看见过日本摄影师拍过的照片，荒草就长到

大修中的紫禁城（李文儒摄）

快一人高了。这之后到 1911 年，其间修过没有？慈禧太后是否一直在修？

晋：的确一直在改造。改造西六宫，为慈禧太后的寿辰。另外，重新改建、装修宁寿宫，也是在慈禧太后执政的几十年之间。

这种维修和现在我们讲的维修在概念上不一样。区别之处即在于它不是出于文物保护的目的，而是出于居室的发展和使用的目的。所以说，一百年前的紫禁城的修缮是为了使用而进行的一种改造，属于改造、完善、装修的过程。六十年前，新中国成立以来对故宫的维修，社会条件改变了，经济条件也不一样了。故宫的维修保护一直没有停止过；而且，称之为“百年大修”“前所未有的大修”，这已经是第三次了，新中国成立以来的稍有规模的故宫维修一直有这个说法。至少，我看到、听到的是第三次了。20 世纪 50 年代应该有一次。新中国刚刚成立不久，还没有太多钱弄这个事，但是当时没有说百年大修这个词，主要精力也是放在紫禁城里的那些渣土上。

李：清理渣土。

晋：经常这么说，实际上，同时还把那些破烂房拆了不少。

李：清理渣土的时候把破烂得不可收拾的房拆掉了。

晋：当时是认为它们没有价值了。比如内务府的那些房。还有，当时的几百间房，最后拆得就剩下七间了吧。

李：当时被拆的房子有原始记录吗?

晋：有照片。可以看到大量的视觉信息，照片里还有很多的竹篱笆，还有天棚，这些东西后来都拆了，包括屋后有神像的龛。

李：当时清理了多少垃圾?

晋：有数字统计，大概二百五十万立方米吧。当时有很形象的说法，说是如果把那些渣土铺在马路上当路基，可以从北京铺到天津。

李：据说顺着渣土就爬上城墙了。那么多的渣土是怎么产生的呢?

晋：因为这么多年都没有动过了。

李：当时难道没人管理吗?

晋：没有地方弄钱。到了20世纪50年代末、60年代初，也就是“文革”之前，又有一次。正赶上那时候是国家集中投资，工程队一下增加到四百人。这两次，尤其是第一次，是在很残破的基础上修缮，目的是为保证故宫博物院的正常开放。第二次是建国以来对故宫的一次比较全面的整治，应该说更多的是正常维修，其中规模比较大的重点放在了屋顶的检修和彩画的修复上。正常的情况下，国家一年划拨几万块钱的维修经费。那一次国家一下就投了几百万，这个数字在现在看起来也算是天文数字了。这些在档案中都有记载。现在看到的许多彩画都是那时候做的。以午门为例，当时做的彩画为什么是那个色呢，看上去黑乎乎的？就是因为没有钱。当时，提出过两个备选的彩画方案，如果仿照乾隆时期的彩画来做，就得大量金，用黄金；要是仿照顺治时期的彩画来做，就没那么多黄金可用了。于是，最终选取了顺治时期的彩画。但最大的一次还是眼下的这次大修。故宫博物院为此专门成立了工程队、设计室。现在国民经济的发展水平、人均收入、国内生产总值（GDP）和将近半个世纪以前相比，已经有了巨大的变化。我觉得还是经济上起了主导作用。正在进行的大修，与前两次相比有几大区别。第一是黄金的使用不再那么拮据了。第二是文化遗产保护的概念已经深入人心了。故宫已经是世界文化遗产了，不单单是中国人所珍爱的，而且是被世界所珍爱的。这是一个巨大的变化。第三是就文物保护单位自身而言，其运转也已经提高到一个原来没有的程度，比较自觉了。按文化遗产保护的要求来安排策划和对外宣传，应该是这次的一个显著的特点。

李：标志性的特点。

晋：这次是完全按照现代文物保护的理念来策划、管理、安排整个大修。我觉得百年以后，人们再回过头看的时候，会更清晰地看到此次大修的历史意义。

李：这就是继承历史和创造历史的历史意义。把对紫禁城的保护放在历史的链条里认识和理解这次大修的标志性和历史性。因为，这次大修对故宫，对这样一座举世瞩目的、独一无二的世界文化遗产，是一次非常自觉的、非常理性的、非常科学的保护。

晋：再把故宫的这次维修放在全国文化保护事业之中来看。此前，全国的文物保护单位修缮安排的重点项目是西藏的布达拉宫。布达拉宫之后最大的项目就是故宫的大修了。

李：你刚才集中讲了，在帝制时代，紫禁城作为皇宫，作为皇帝使用的宫殿，它的扩建也好，维修也好，都是为了使用。也就是说六百年前的紫禁城是一个创建，由明成祖朱棣创建起来，虽然遇到很多挫折、很多事件，但它总算建起来了，并不断发展成这般规模；一百年前则是作为皇宫的紫禁城到了它的末期，在这个时期，皇帝的所作所为，一方面还是为了使用而不停地进行必要的维修，另一方面也到了没有充足的力量来保护、来支撑这么庞大的建筑群的地步了……

晋：维修本身是中国木结构得以存在的一个主要手段。

李：谁都得修，这个话放在什么时代都对，但维修和维修的性质不一样。对吧？

晋：我为什么特别强调这次文物保护的概念非常清晰？那是因为前几次没有这么鲜明。我是就整治来讲，就博物馆正式开放来讲。

李：所以，新中国成立以后对故宫的修缮过程，也是一个逐步成熟的过程，也是一个历史过程。

晋：我们应该说，紫禁城从皇宫到故宫博物院再到今天，能够以目前这样的状态开放，是从它创造到现在经过了那么多参与其中的人不断努力的结果。而且，这个维修的过程，从文物保护的角度来看，比哪个过程都必要。同时，它也是一个不断进步的过程。我想，这么总结是比较全面的，我们不能回头说过去的人做得不对，不好，我们没有亲历，所以没有资格说这话。

李：把紫禁城修缮和保护的历史进程置于世界范畴中看，迄今为止，我们这个国家，或者说我们这个民族，在文化遗产保护方面达到了一个什么样的高度，是不是比较理想，是不是比较让人感到欣慰？此其一；其二，故宫博物院作为遗产的管理者，自然义不容辞地肩负着保护和修缮的职责。你具体承担这次修缮工作的重任，作为个人，并不是每一个故宫的管理者都有机会直接承担这个职责。那么，你个人一定会有一些特殊的感觉吧？

晋：应该怎么说呢？用一个最常规的说法，就是对故宫充满着敬畏之心。

李：敬畏是尊重历史。

晋：因为它的分量太重了，个人太渺小了。想想吧，对故宫的大修就等于是在全民族、甚至全世界的人们最重视的地方动手。

李：大家都盯着呢。这是什么地方啊，有着近六百年历史的皇宫，迄今为止，全世界最大的、保存最完整的皇宫建筑群，世界著名的文化遗产保护地。

大修中的紫禁城（李文儒摄）

晋：所以，我说最核心的一句话就是敬畏。对个人来讲，也可以说是一种荣幸。能够参与到这么重要的历史性的事件中，必须得说是一种荣幸。而且，由于这个事件的性质太重大了，参与者还会感到一种压力。举个简单的例子，太和殿的屋顶敞着的那会儿，天一下雨，我就睡不着觉。真的，我就惦记着早晨起来赶紧到现场看看，是不是泡了。想放松都放松不了，绝对放松不了。所以，我说我的感觉就三点：第一是敬畏，第二是荣幸，第三是有压力。最操心的事情，实际是一个怎么样把现代的文物保护的意识贯穿到这次大修工程当中去。遇到的最大的难题就是中国的文物保护、古建筑保护还不够规范。就拿建筑材料来说，只能从建筑市场买现成的，没有一种机制让你去采购或者定制你认为最好的东西，建筑市场有什么你就得买什么。

李：这是因为还没有形成比较科学的、比较成熟的、比较规范的、比较实事求是的、拿来就可以用的操作程序。

晋：只能去依据现代建筑市场管理的规则，移植到古建筑维修里边来。

李：还有一个问题就是，中国的这种建筑群这样的保护，它的本身的复杂性可能超出了世界上现存所有的文化遗产维护的经验。

晋：我们的维修难度是否超越世界其他文化遗产，这个不好说。但将现代建筑管理手段移植来进行古建筑保护，肯定是一种僵硬的办法。可悲的是，很多人并没有意识到这一问题的严重。

李：在这种矛盾情况下，无疑增加了解决问题的难度。

晋：从大的环境讲是这样，从具体工作看，还要时刻注意传统的维修不全是文物保护，也不要把传统维修的所有方式都认为是合理的文物保护的办法。有些传统的方式已经不能适应具体的修护程序了，必须淘汰了，那为什么不用好的、新的呢？

李：这就要求我们辩证地看问题。

真实性：科学保护观的形成与理解

李：前面谈的是关于修缮的历史性问题，接下来我们谈修缮保护中的真实性的问题，包括一些关于真实性的有争议的问题，这实际上是一个科学保护观的问题。也就是说，在文物的科学保护观里，真实性是一个很重要、很核心的概念。刚才说到了东亚会议。我知道这次会议的召开有一个针对性很强的背景，这就是相关国际组织对中国北京正在进行文物保护修缮的故宫、颐和园、天坛等世界遗产地发出质疑，其中核心的意思是这些世界文化遗产地的维修工程是否仓促进行，是否缺乏文献依据和清晰的操作准则、指导原则。我想其中可能存在着某种信息不对接或者是信息错位。不说天坛和颐和园了，就说故宫吧。无论称之为世纪大修，或者是几百年一次的故宫大修，它的决策、规划、咨询、论证等，仅我看到的记录这些程序的文件，从 2002 年到 2007 年就有一百三十八份，看起来有条有理，来龙去脉，前因后果，清清楚楚，并没有仓促进行的感觉，并不缺乏文献依据。
晋：那一百三十八个文件是选编的，实际要比这些多多了。很多文件不适合对外公布的就没有选。

李：我看过《故宫保护整体规划大纲》，我的感觉是故宫的保护规划具有严肃性、科学性和规范性。但是为什么国际组织会得出一个缺乏文献依据和清晰的指导原则的结论？
晋：这个疑义提出之前是第三十届世界文化遗产委员会大会召开，每个缔约国都要派代表参加。而且在这之前缔约国要组织专家到中国进行调研，并递交报告。但是，遗憾的是当时中国没有一个真实的情况反映。

李：可能是文化差异造成的片面、不全面。
晋：世界文化遗产委员会得到的信息，可以这么说，是不全面的，或是延迟了的。

李：可能是不对接的。
晋：换个角度，东亚会议值得宣传一下。你可以看到东亚会议是两个文件：一个是《北京文件》，一个是《评价与建议》。就是这第二个文件对故宫的维修工程是充分肯定的。

李：我觉得，仍然可以说是相异文化的不对接。其间一定是出岔了……
晋：联合国教科文组织每年要召开一个成员国的世界遗产大会，这是官方的。在开大会的时候经常列席的有三个专家组织，民间组织只有一个。国际古迹遗址理事会（简称ICOMOS），还有一个就是总部设在意大利的国际文化财产保护与修复研究中心（简称ICCROM），再一个是联合国教科文组织（简称 UNESCO）世界遗产中心。尤其前两者是联合国教科文组织指定的咨询机构，世界文化遗产的申报、列入名单、实地考察等都是由这两个组织来承担的。实际上，在中国陕西西安召开的第十五届 ICOMOS 大会前夕，该组织的主席、副主席、秘书长都到故宫来过。在会上我报告了故宫情况，当时与会者为我的发言报以掌声，也就有一些疑问在会上进行了讨论。没料到之后没多久却下发了那个质疑文件。

李：应该说，就是文化存在差异所产生的不对接。这么大的一个国际组织面对的是全球的文化遗产。在这种情况下，不对接属正常现象，这个不难理解。第一，世界范围的各种文化遗留是多样的，本来就存在着非常复杂的多样化，这是客观现实。第二，正是因为有这种情况的存在，才更需要加强沟通和交流，更需要国际组织发挥其作用。第三，同样因为文化的多样性，难免会有沟通交流不到位，甚至错位的情况出现。尽管存在这些问题，但是大家的目标是一致的，都是为了更好地保护全人类的文明遗存；所以，只要沟通、交流到位，立刻能够达成共识，我认为东亚会议的召开就非常雄辩地说明了这个问题。

晋：你这个观点我非常赞成。东亚会议对中国人来讲，一个最大的收获就是实现了真正本质上的交流。专门选派了二十几个国家的专家，共六十多个人，来北京现场考察。这一行动本身就是对故宫，包括其他两个世界遗产地的维修、保护工作的一个检查，也是一次现场的交流。

大修中的太和殿鸱吻

李：据说，故宫的大修工地他们都去了，上上下下都去了。

晋：是的。

李：如果早这样做就不会有先前那样的质疑了。

晋：而且，怎么看待联合国教科文组织的这些质疑？我觉得你刚才说得对，一来他们不太了解情况，二来从国际组织的角度来讲，他们的质疑是正当的。为什么说是正当的呢？他们之所以产生疑问是出于对故宫的高度负责任，出于关心，因为他们认为紫禁城是有世界价值的。联合国教科文组织的公约就有关于遗产保护的一个最重要的内容，即列入遗产以后，遗产所具有的重要的价值、历史信息不会在维修或者保护的过程中流失，反而会百分之百地保存，甚至得到加强。这就是联合国教科文组织的核心价值观，或者叫作核心的目标。把对世界文化遗产的保护置于国家的框架之下，每个国家都有责任。与此同时，这些文化遗产也被置于国际社会的关注之下，以确保某个遗产在维修、保护过程当中它的重要历史信息能够得到保留甚至加强。专家们用这个目标来判断故宫的维修、保护结果，得到基本的肯定，说明了什么呢？我觉得说明咱们的保护维修工作在观念上和效果上与国际社会的要求做到了对接。

李：也就是说，东亚会议一开，就明白了。他们发现中国对文化遗产保护的理念，原来是和国际准则相一致的。

晋：是这样。那份《评价和建议》文件，第一条就说到这点。而且，中国也有一个文物保护准则。中国的文物保护准则和中国的文物保护法构成了一个严密的文物保护的框架。这是人家的第一句话。这个《评价和建议》的文件刊登在当时的《北京日报》《中国文物报》上。

李：从《北京文件》和《评价与建议》里面可以看出，东亚会议的召开实际上就起到了把上述事情说清楚的作用。从我个人的角度理解，可能有这么几条：

一是就故宫大修工程而言，以保护人类的文化遗产为基础，为目标，大家是一致的。故宫大修，事实上在专家们考察之后看到是和多少年来形成的世界文化遗产的保护准则或者叫原则一致的。而且，又根据自己的特色，对世界文化遗产的保护做出了或者提供了一些新的东西，就是有特色的东西，符合中国，甚至东方古代以木建筑、木结构为主的所有历史建筑保护的特性，为世界遗产的保护提供了一些新的视角和经验，受到世界文化遗产组织和专家们的高度认可。这也说明，只要我们有自己的作为，就会有自己的地位。简而言之，就是西方有西方的特色，东方有东方的特色。

二是以故宫为代表的修缮，对世界文化遗产、特别是古代历史建筑的科学保护观的形成，科学保护实践经验的积累，提供了自己独特的东西，或者说做出了自己应有的贡献，丰富了科学保护观。

三是大家公认的国际准则确实是具有指导性的，就好像一些科学原理一样。但是，原理原则不能理解为教条，更不能当教条来执行，要根据保护对象的实际情况采取符合其特点与需求的保护方法。

四是世界上的任何一个区域和任何一个国家都应该根据各自真实的历史建筑的现实状况去创造最适合自己的保护方法。

我觉得这些都在科学保护的范畴之内，因为它体现着、贯穿着一个核心观念，也就是大家公认的保护准则——真实地保护被保护者的真实。

真实性的原则从理论的层面看就是从实际出发，尤其要强调、要承认多样文化背景下的差异这样一个实际，并尊重多样文化背景下的差异。当然，不管西方与东方，所遵循的原则是共同的，即真实性。真实性就是保护历史文化遗产的真实性，这是前提。只有在这个前提下才会生出好多价值

大修中的紫禁城

来。真实没了，价值就没有依附了。

当然，国际组织也好，国际专家也好，从发起或者说是参与的人数来看，在较长的一个时期，以西方为主是一个很明显的事实。

晋：西方走在了前面。

李：就文化遗产保护理念与实践而言，应该承认西方人做出了很大的贡献。这些经过实践得出的理论，难免会以西方文化遗产保护的经验作为指导性的参照，因而有可能带来缺乏多样性的局限，特别是缺乏针对以中国为代表的古代木结构建筑保护的相关准则或者办法。而这也正是需要我们东方人来创造、充实、弥补的。

晋：你提出的就是多样性的问题。关于多样性和真实性的关系问题，曾在 1994 年前后有过一个《奈良真实性文件》。

李：那里边就是东方和西方的问题。

晋：但是，那个文件的起草人中，包括大量的西方人，也是联合国教科文组织召集的相当于东亚会议这样的一个研讨会，它针对的就是你所说的这个问题。而且，文件的前言写得非常尖锐，意思是说，在文物保护领域，同样有着一种不尊重第三世界民族，不尊重弱小的情况。它特别提到，发达国家总是以一种居高临下的形态去看待发展中国家的文化。其核心就是倡导世界文化的多样性。事实上，联合国教科文组织也曾专门发表过一个世界文化多样性宣言，虽然那个宣言是政治宣言，强调人权、自主、自由。把多元化的概念用到文物保护上，每个国家的人民自己发明、创造了自己的文化，按照自己的轨迹来发展，对文化的多样性的理解应该基于对该民族文化创造的真实性，拿一个民族创造的真实性来判断另一个民族的真实性显然是不恰当的。所以，提出文化多样性的概念和执行文化多元化的政策，在整个文化遗产保护中具有跨时代的意义。

1964 年的《威尼斯宪章》标志着文化遗产保护理念的成熟和国际化。文化多样性的问题则使这个文件更趋严谨。这个会议是在奈良举行的。据说日本人申请把它的古迹列入世界文化遗产名录，但多年来就是不成功，为什么呢？就是因为它的古建筑都是经过维修了的。按照惯用的国际准则衡量，凡经过维修就不真实了。可是我们都知道，木

▲ 大修中的紫禁城（李文儒摄）

结构、彩画哪个能经年不维修呢，不修就不存在了。所以，他们把专家找来开了这样一个的会，最后形成了《奈良真实性文件》。真实性讨论应该建立在多元文化多样性的基础之上，才有其意义。

李：具体而言，就是如果离开了中国特色，离开了中国木结构的特点，或者放大点说离开东亚的木结构的特点去讨论真实性，确实有很多难以解答的问题。因此，东亚会议产生的《北京文件》就具有了新的里程碑的历史意义。理解《北京文件》，理解从《威尼斯宪章》《奈良真实性文件》到《北京文件》的历史进程和它们之间的关系就很重要了。

晋：第一，大原则是统一的，目标是一致的，而且不断地在进步。比较而言，东亚会议文件更加具体，解答了、解释了在文化多样性基础上的真实性。它给真实性做了一个定义，定义说真实性可以理解为信息来源的可靠性。这句话非常关键，信息来源的真实性，包括文物建筑和遗址本身，是最根本的。但是，如果这东西不存在了，那么，诸如形式与设计、原料与材料、用途与功能、位置与环境，以及传统知识体系、口头传承与技艺，精神与情感等都属于可靠的真实存在。这说明实物是最重要的依据，而传统的知识体系、口头传承的技艺同样是重要的内容。这就为以中国为代表的东亚地区的彩画在原状不可能保存做出了新的解释，为合理修复提供了可能。也就是说，只要信息来源、材料和原料是可靠的、有历史依据的，你的做法仍旧属于传统的东西。

李：这样的真实性才是可靠的。有时候只有富于弹性才更接近事实。

晋：我觉得，东亚会议文件应该说是对东亚文化遗存的特色做了一个很好的解释；为东亚人的古代建筑做法的合理性和科学性做出了一个很好的解释。我们应该认真地去解读这个文件。现代的遗产保护理论可以被视为涵盖决策过程的方法论，这一决策过程从认知的重要性和价值开始，并造成相应的保护处理方法的依据。方法论不只是某个具体的理论，不是教条。任何一个方法论都是有针对性的。只要有针对性就意味着必然有局限性，既然有局限性就不可能放之四海而皆准，所以，只能是用实事求是的态度看待方法论。与其说是方法，不如说是介绍的一个正确的程序。

李：从《威尼斯宪章》到《奈良真实性文件》再到《北京文件》，北京文件又是由两个组成，一是《北京文件》，一是《评价与建议》。能不能这么说，三种文件可以作为不同历史阶段的有关文物保护的经典，它们的发展是不是可以看作是文化遗产、文物保护的科学观念及实践越来越成熟、越来越全面、越来越完整的线性发展过程。那么，在《北京文件》里，特别是加上《评价与建议》，我的感觉和前两个文件相比，似乎更加具体，更加有针对性。以针对彩画、木结构为突出，对我们中国以至东亚地区的木结构的古代建筑的保护，有着更加明确的作用；而且，今后可能还会给我们更深远的影响。

晋：这个文件应该说和那两个文件属于不同层次的文件。《威尼斯宪章》产生在欧洲，但是它所说的事情不限于欧洲；关于文化遗产文化多样性的奈良文件，关于真实性的奈良文化产生在亚洲，产生在日本，但是它所说的事情也不限于日本。这两个文件的高度应该说是世界性的。而东亚会议文件是由包括中国专家在内的国际专家共同讨论出来的，针对中国的问题，同时兼顾了亚洲的一些问题、东亚的一些问题，更多的是属于个案分析，它是在前两个文件的指导下诞生的。

李：所以更加深入而具体。

晋：它的特点就是具体、深入的案例。当然，类似案例性的文件在国际组织会议上也产生过很多，比如说《木结构古建筑保护准则》，再比如在越南制定的惠安文件，等等。这些文件都侧重针对某一种特殊结构采取某一项措施，或者是针对某一个地区的。即使有了这样深入具体的个案分析的文件，也并不妨碍此前那些具有普遍指导性的有关古建筑保护的准则的普世价值，不妨碍它们对于我们正在进行的建筑文物保护起到的指导和总结的作用。我想，这大概就是个性与共性、普遍性与特殊性的关系。

完整性：整体保护、全面保护

李：这些年来的大修是在整体保护故宫的概念和前提下进行的，就是一个完整性的问题。我看《威尼斯宪章》《奈良真实性文件》《北京文件》里面都提到了完整性的概念。那么是不是可以说，故宫的大修就是完整保护概念的一个体现和实践？我个人的理解是，完整保护包含理念的层面和操作的层面。理念的层面我们刚才讨论过，这是一个发展的过程，文物保护意识的整体性越来越强化了。如保护的全球化，它不只是针对某一局部区域的，而是全球范围内的文化遗产，都应该得到完整的保护。还有文化遗产保护的秩序化、社会化和合作化的趋势，就是建立共同遵守的公约，建立必须执行的法规，全社会参与，多方合作，不只是一个行业和一个专业的事。还有全面长远保护与日常维修的关系，预防治理与紧迫抢救的关系，等等。操作的层面则包含着对整体环境的理解，对原状、原貌的理解，对静态、动态的理解，对恢复和重建的理解，如何区别对待人为的改变状况和自然毁损的改变，等等。

像这些问题，在故宫大修中遇到了是怎么处理的？比如如何看待所谓的“重现”代表中国古代建筑最高水准的紫禁城的庄严、肃穆、辉煌？我认为“重现”庄严、肃穆、辉煌的宫殿和不改变原状、原貌，以及维修、恢复原貌是一种同意的表达。特别是辉煌这个词，一说辉煌，好像就是新造的了，就是崭新啦，艳丽啦，鲜亮啦，其实不能这么理解，这么认识。这“辉煌”是个表示状态的词，它不表示新啊、旧啊，颜色深啊、浅啊的，它表达的是一种整体的状态，给人们的整体的印象、感觉，是一个由多种因素形成的综合的状态。紫禁城就

▲ 大修中的紫禁城（李文儒摄）

是这么一种状态，是有多种中国文化因素形成的这么一种中国建筑文化、建筑科学、建筑工艺、建筑艺术的状态，保护紫禁城就是要完整地、整体地保护这种状态。庄严、肃穆就更不用说了，更是一种整体的状态。

晋：实际上，真实性和完整性是文化遗产保护的两个最永恒的主题，不改变原状等也属于真实性的内容之一。

李：真实和完整在其字面和实际操作中还是有区别的。事实上，目前纯粹含义上的文化遗产的完整保护，有很多都是理想状态而实际操作已经不可能了。

晋：按照《北京文件》的解读，和按照咱们一般常规的说法，可以把完整性分成几个层面：

第一个层面，故宫是一个完整的文化遗产，所有和故宫具备统一的文化内涵的附属内容，都应该被作为故宫的整体加以保护，比如紫禁城和它的背景环境。背景环境也是最近的词，是第十五届 ICOSOM 大会后产生的。作为文化遗产的紫禁城，离不开它的历史环境和它的景观环境。紫禁城和那么多的王府以及那么多的老百姓的房子，共同组成了北京城这么一个特殊的文化整体。所以，从这个角度来讲，紫禁城应该有其完整的人文环境。理想化地说，故宫不能是孤立的，应该有左祖右社、前朝后市等，这些都应该存在，周围九坛十八庙，包括天坛、地坛、社稷坛、日坛、月坛、先农坛等，都应该是一个文化整体。我写过一篇论文，讨论的就是紫禁城这些背景文物的保护，故宫理应是完整的。

第二个层面，构成故宫文化遗产价值的各个方面都应该得到保护，不能影响其价值的统一。故宫的文化价值应该是完整的。

第三个层面，作为一座古建筑应该是完整的，构成这个建筑完整的各个部件，也应该得到很好的保护。比如太和殿是由石雕、石刻、大木结构、内装修结构、彩画、屋顶各种瓦件等所有这些材料和部件构成的，要保证一个大殿的文物价值的存在，构成大殿的所有这些部件、零件，所有这些技术、工艺，都应该得到保护，这才是完整的保护的概念。我们的出发点是想保护一个建筑物的完整，从宏观到中观再到微观，从它的总体形象到具体的工艺技术都应该得到继承和保护。

李：有时候，保有古建筑的完整性与保持原貌会有矛盾的地方。其实，原状是个时间概念，应该说是一个动态的历史的范畴。建筑从建成那天开始，就面临两种力量对它的改造，一种是人为的，一种是自然的，对吧？

晋：自然力就造成古建筑老化，遇到灾害性的突变，比如地震、火灾、雷击，它就不存在了。而人为的破坏则应该被制止。文物保护工作就是要彻底阻止人为的破坏。对于自然的毁坏，非人力所能够左右，只能延缓，不能完全制止。基于以上两点，历史上文物的状态总是变化的，不变是相对的，是理想状态的；只有变是永久的、客观的。在这种情况下，有人提出，文物原状就是发现文物那天的状态。对中国木结构建筑而言，这种说法不尽合理。对文物原状的判断，我觉得应该引入价值评估的概念，就是现存的东西，哪些是有价值的，哪些是无价值的。拿故宫的钦安殿来讲，钦安殿本是皇宫的内太庙。明太祖朱元璋在南京时，想起父母，说我如今当了皇帝，我的父亲生前却以讨饭度日，一天好日子没过，想起来就伤心落泪。太庙祭奠按节令、按礼制一年只能几次，他就让大臣们查一查，说你们能不能看看，有什么更方便的办法能慰藉我常思念父母的心情？这时就有大臣说，宋代建有一个内太庙。这样，皇帝在家里就随时可以祭奠父母，寄托自己的哀思。钦安殿最初的功用就是皇帝自己的一个怀念场所，所以，它最有价值的也就是这个。但是，后来这里经过清代以及后世的改造，里边已经完全不是最初的样子了，那么它现有的价值是什么？现在的状态是不是它原状？你可以理解为它历经多次的改变，不是原状了，有价值的东西丢掉了。这种有价值东西能不能恢复呢？这种恢复我觉得是可以的，因为有一些资料还留着。如果一张图纸都没有了，无可考了，从20世纪初年就无可考了，那就没有恢复的必要。

就是说，原状和现状的关系，我觉得要引进一个历史学的概念，并且引进一个模式、一个价值评估的概念；在可能的情况下，在有依据的情况下，恢复那些有历史价值的、有意义的东西，这是合理的。因此，所谓复建和不复建这个问题也一样，以故宫的建福宫花园的复建最具代表性，不仅有相关资料，而且故宫里的乾隆花园就是乾隆帝把建福宫花园克隆过来的。确实一模一样，确实有它的真实性在内的，这样的情况下，复建就是合理。就是说合理的、不是机械的，如果故宫博物院从1987年列入世界文化遗产开始，所有现状的东西都不能动了，就太极端了。

我非常同意你说的所谓“辉煌”就是一个状态的观点。具体说，一座宫殿，例如太和殿，不能把做没做彩画作为判断其辉不辉煌的标志。

李：所以，我觉得这种状态，确实应该放在历史的范畴中来看。比如，康熙时候是一种状况，乾隆的时候又是一种状态，八国联军来了又走了也是一种状态。

晋：都是曾经的历史状态。

李：恢复重建，关键的是历史依据、文献依据，就是前面讲过的足够的依据。就说建福宫花园吧，如果不恢复就是一片被烧毁的废墟。因为今人看到的只是火场的原貌，而不是花园的原貌。所以，这实际上是一个历史性的问题，就是保护原状、原貌应该说是一种充满了历史气息的状态，是一种充满了历史文化气息、历史审美气息的状态，只有这样的东西才可能称之为历史的原状和原貌。基于此，我说这个保护不只是一个工程、工艺方面的保护，不只是采用科学手段的保护，更重要的是文化的保护、历史的保护和艺术的保护。

因此，我想到另外一个问题就是对参与保护的人员素质的要求。因为文物保护的工作、古建修缮的工作不是人人能做的，对参与保护的人员，特别是对管理协调者的要求会很高，应该对中国古代历史、中国古代建筑史、建筑艺术史有很高的专业把握。组建的团队，应该具有良好的素质要求，不只是一两个人的问题，不同层面关键位置上都应有这样的人，不是只知道一般概念，而是深入到保护对象内里的综合研究，只有这样才能确保将这种科学保护的真实性、完整性真正的落到实处，才能使保护对象从宏观到细部，充满着历史、文化的气息。比如，选择你来担此重任，当然与你的专业背景、实践经历分不开，与你对中国的历史、对中国的古代建筑、对北京城建的历史、对紫禁城的历史的把握分不开。

晋：说实话，我也不能算达到了理想的素质要求。我来故宫这是第六年，应该说我对故宫知识的掌握与要求相差还太远。从客观上讲，这是很严肃的事，不敢懈怠，我也是力争在实际操作中不断完善自己。

李：我为什么想到这个问题呢？大约半年前吧，意大利文物保护、修复专家给我们故宫的文物保护和修缮人员培训班介绍意大利的情况，我特别注意到他们是由艺术史专家来做某些项目的负责和主持的，至少艺术史专家处于足以起到宏观或者说总体把握作用的位置上，这一点给我印象很深。我们国家在文物保护项目中对此规定的好像不十分严格，对工程施工程序环节的从业要求则是很明确的。

晋：是这样的。他们一年培养十几个人，培养的目标就是该领域的专家。然后，下头那个具体工作人员又另有其人。他们有一套完整的机制。我们国家的文物局也要求所有的古建修缮从业者、各工种的工长、项目经理，都要有不同级别的上岗证，也必须经过初级的业务培训，做到基本都能持证上岗。

就故宫来讲，现在则处于一个古建保护的技术人员青黄不接的状态，而且已经进入了不可逆转的、很危险的时期。怎么说呢？就是现有的一批古建维修的中坚如今也都五十多岁了，他们一旦退休，就面临着技术人员后备不足，管理人员更是如此的局面。我曾经试图挽救这个局面，就是恢复原来的师徒相承的传统，每一次搞拜师会。我在文物局的时候，就听故宫博物院的老院长说希望办这个事儿，一定要培养后续力量。如今，这事儿还不算做起来了。不是不努力，也不是大家没愿望，是缺乏一个有力的机制，合理的用人的机制。在故宫，要想把古建维修工作和保护工作延续下去，如果没有这么一个有素质的队伍，根本就做不到。要说主持人、协调人应该有一个什么样的素质，说真的，相对比较容易。可是，一个合格的工人没有十几年的培养，手艺就上不去。手艺这东西蒙不了人。这是一个难点，非常大的难点，如果相应的机制建立不起来，很容易断档，断档真的是很快的事儿。

李：师傅带徒弟，师承制不就是在培训吗？

晋：首先是有没有足够的人来让你培训，其次是你培训完能不能留在故宫。我的理想机制是故宫有自己的学校，有自己的培训，就是在自己的工地上培训我们自己选中的人。比如，找至少达到农村初中以上文化程度的，培训完了选勤劳、好学、聪明的留下来。不能留下的也经过良好的培养，可以去其他的工地干，也有前途，总之在故宫培训过，总有好处。那些能留在故宫的肯定是好样的，逐渐地一代带一代，队伍就接上了，不需要多，一个工种有几个带头人就齐了。至于壮工，那是哪个工地都富余的。

李：技术工人与壮工的区别就在于综合素质。看来，全面解决这个问题并不容易，但从长远来说必须解决。

多样性：分类保护

李：多样性前面已经讨论过，是说世界范围的文化差异与文化多样性及由此决定的文化遗产保护的多样化。我常说故宫博物院是一个百科全书式的博物馆，在文化遗产保护领域，只要你能想得到，就可以从故宫找到对应。故宫的整体保护中，同样存在一个多样化保护问题，故宫原状保护实际上是多样化文化遗产保护的缩影。下面我们就谈谈整体保护下分类保护的问题，如何区别对待？如何因地因材制宜？故宫的古建保护里面也分很多门类，石、砖、瓦、

紫禁城大修中工匠在修复彩绘

木、金属、彩画等。怎样区别对待艺术和工艺，如一般的建筑构件与艺术品的区别、绘画艺术与一般的彩绘的区别、石材与石雕的区别等。

晋：严格地说，故宫的所谓艺术性的作品都是服务于建筑本身的，都是建筑构成的一个组成部分。个体艺术价值很高的东西，目前不主张复制，尽可能保存原物，宁可它逐渐地消失。将来在它完全消失后，不排除可以用现在留下的文图资料把它复制起来的可能。比如那大石雕，肯定会逐渐风化消失的。20世纪初年的时候，照片上的雕刻纹路就要比现在清楚得多，能看出一百年来已经变化了，再过一百年变化就更大了。

李：乾隆二十五年（1760）就将保和殿后面那块大石雕上明代原有的纹饰凿掉，凿去的厚度约四十厘米，重新雕刻为我们现在看到的样子。

晋：肯定是因为不清楚了所以才重雕的。就艺术贡献讲，一个时代一个风格，手工复制怎么也不是当年那个味道了。没办法的事儿。除非用现代科技的手段，用电动工具，做出来和原来一模一样，这能做出来，但是现在咱不能做。原则就是尽量延长寿命，尽可能地保存原貌。太和殿里的一处彩画可能就是乾隆时期的原物，就尽量保存，留着是个最好的标准，其他必须换的都按照这个标准来重做。

李：事实上，乾隆之后，太和殿的彩画也一直是哪处坏了、不清楚了就重做哪处，弄得至今看来哪个时期的都有，看上去很杂。

晋：就是因为太乱了，所以要把年代最久、艺术性最高的那一块作为标准来照做。而且，同一座建筑的彩画风格保持统一比较好，用这种方法尽可能保留更深远的历史记忆。

李：木结构也是不断地变化的过程。

晋：有一个观点得重申一下，即最小、最少的原则。不但木结构，所有的故宫保护作为一个总体，它的真实性、完整性怎么体现？就是要保证最少干预或者是最小干预。多和少，大和小是个什么概念，怎么判断？我觉得还是一个实事求是的概念。多和少永远是相对的。举个例子，当年建筑学家梁思成与学者朱自清有一段笔墨官司。朱自清说："你这个梁思成不像话，现在国家衰亡，民不聊生，北平这么穷，你还花巨资修那些古建筑；古建筑就是作为一个化石保存下来而已，你修它干什么？花这么多钱。"梁思成回答："要是按朱先生说的，古建筑真能像化石一样保存下来就万事大吉了；恰恰古建筑不能像化石一样。你只要不修，它就坏了。而且，不单单是中国的古建筑，包括外国的哥特式建筑，不维修一定会塌掉。所以，与其把北京变成一个坍塌的古城，不如我们现在就把它修得仍旧让老百姓能够欣赏到古代艺术的美，要更好一些。"

你看，这里头就有多和少的问题：不修就坏了，意思是这种维修是必要的。判断多还是少，应该看你这个技术措施是不是合理、合适，技术的施用是不是最必要的。如果我们故宫古建筑的大木结构本身没有任何问题，你当然不用去动。但是，当太和殿顶要漏、要坏的时候，却不去动它，就会彻底坏下来，直接影响到木结构的安全。在维修合理的情况下，哪怕是动作再大也是最小干预。

欧洲有一个木结构建筑保护准则提及：必要的解体也同样属于最少干预。因为必要的时候，你根本没有去拆它不必要的部分，那这还是最少干预。我觉得这一点非常到位。判断是不是少、是不是小，不以这工程的规模大小来衡量，也不是技术措施的严重与否，而要看是不是做得最必要。

李：具体到故宫的木结构，我们是怎么坚持这少和小的原则的？

晋：做到最少干预，像故宫的熙和门的大柱子，都是在维修过程当中发现已经彻底糟朽了，必须抽换。太和殿保留上面抽换，这都是尽可能保护原件，保护它的最大价值。

到现在为止，故宫所有的内檐彩画一块都没有换。外檐彩画在檐子下面由于遭受日光损害和风雨侵蚀，能保的尽可能保，保不住的时候按照原作复制。这个复制就是用原来的工艺、原来的材料、原来的图案，按照它原来的位置画上去。

李：还有，比如说用科技手段来保护古老的文化遗产。因为历史的局限，有些传统做法是不科学的，而我们经过尝试，判定有些现代科技手段是可靠的。在这种情况下，有没有尝试或选择用现有的科学手段来保护不科学的存在和设置的可能。

晋：科学和不科学，的确不同的时代有不同的认识。比如传统的有些保护木头的做法就明显不够科学，都不持久；但还只能用传统方法，只要是说古建筑的复制，就必须原原本本用原来的东西来做。

李：用新的手段效果是一样的，寿命可能长；用原来那种方式，效果可能也是一样的，但是寿命短。

晋：宁可再重复做它。因为这样才可能给后人一个真实的历史信息，传达的不单单是建筑体本身的外观信息，还有当时的制作材料和制作工艺的信息。比如，古人用猪血为原料制成涂料——“地仗”，抹在木头表面能起到保护作用。现在把整个木材放在化学药品里泡，经过高压蒸二十四小时，拿出来使用很结实。但是不能那么做，有违真实的历史信息的传达。

大修中的紫禁城

李：我们都知道，建筑是在使用中保护的，是使用和保护的统一。特别是像中国木结构的古代建筑，用反而比不用可能更有利于保护。

晋：故宫就很典型。首先，故宫的使用是一个公益的事业，为公益事业的保护是永远有力的保护。这个公益目的包括对社会进行的教育，对后人进行的教育。

李：任何人走进紫禁城都会被一种气氛所包围、所熏陶，这是一种审美的教育，是对中国传统文化的置身情境的体验。

晋：所以，无论是从建筑本身的特点，还是从文化传承的角度来看，使用都是科学的。如果长期不来人，建筑更容易腐朽。同时，更可以促进保护对策和做法的出台。这也就是故宫为什么要尽可能扩大开放区的重要原因。再有，就是作为博物馆的展室的配置。故宫的古建筑是分了区、分了类的。像太和殿，虽然展示但不让游人进去；像坤宁宫，是原状保护，我们里面设置的是皇帝大婚的原状。这些都是一类建筑。还有在一类建筑周围的二类建筑，像保和殿、中和殿的东西两庑，这些建筑本来在历史上是有重要作用的，现在长时间作为展室使用，我们把展示的内容与当时的宫廷设置联系起来。东西朝房都用作仪仗展示，这些东西本来是摆在广场里的，只不过现在搬到屋里去了。就是通过展览，展示故宫原来的格局，无论从展示内容上看，还是从展示内容与建筑等级的配置上来看，这几种不同的模式都是出于保护和展示统一这样的目的来策划的。

就说养心殿吧，建于明，清除顺治帝病逝于此，康熙朝曾作宫中造办处作坊，从雍正开始就是皇帝的寝宫，一直使用到溥仪，这里有很长时间的历史积淀。如果说恢复原状，就一定摆成康熙时候的样子吗？不是。因为它是从康熙到宣统一直在使用的，室内陈设也是陆陆续续随添随摆，也可能撤走了一些东西。再就像乾隆帝的三希堂，后来肯定变样了，目前我们看到的样子，也是根据历史文献记载，推断哪些东西保存在里面最合适而定的。再比如宁寿宫，现在就变成了珍宝馆。宁寿宫是在原来陈设不动的情况下又增加了一些内容，把更多的、高规格的清宫旧藏的工艺美术品都放进去了。我叫它原状室陈列，就是在原状的基础上增加一些展品。这样就能保证这个展室发挥更大的作用。所以，故宫现在有三大类展室，第一类是展厅，在原有房间里边做现代展厅；第二类是原状陈列，像坤宁宫，从陈设到建筑再到它的装修全都是地地道道原来的样子；第三类就是宁寿宫，是原状室陈列，在原状的基础上增加更多的展品。此外，还有一类建筑作为库房使用，历史上宫里就有很多库房。

大修中的承传与创造

李：故宫的保护，特别是真实性保护、完整性保护，都要有依据，这个依据最重要的当然是建筑形体本身，但是随着历史变迁，还更需要历史记录的文字或图像的依据，这是保护继承的一个重要的、必要的参照。正如我们一开始讨论的，这次故宫的大修，若干年后，或者说又一个五十年过去了，又一个一百年过去了，现在保护好的、维修好的，就像经过前辈的维修，我们依旧要面对的这座建筑群的修缮保护一样，我们的后人也需要不断的修缮。若干年过去了，又需要一次类似这次大修的大修，那时候的人们需要从我们这里获得他们需要的可靠的文字图像资料依据。就像我们的保护维修要研究前人的保护维修一样，我们的维修也就成为后人保护维修的研究对象了。这些都无形地给我们提出了更高的要求，要求我们不仅要忠实于历史，还要为历史的进程做好忠实的记录，让历史的积累很好地连接起来。

晋：这不是很简单的事。所有的这些记录，包括口头的和历史档案当中的，都是属于文物真实性来源的组成部分，从这个高度来认识这些历史档案，无论历史记载还是口头传承都是一个概念。我们到底能为后人做些什么？我们已经把原来存在国家档案馆的、故宫档案资料室的、图书馆的，还有散见在书中的相关信息，通过编撰的方式，尽可能收集、整理、发布。这样做，不单单是为故宫，而是为更多古建筑保护提供服务；不单单是为了古建筑维修服务，同时也是为古建研究者服务的。所以，对历史档案和传统资料的收集、整理、发布是故宫大修当中一个重要内容，是在大修工作之初就安排的一项内容。

在维修过程当中，仿照现代建筑的管理方式做好一切工程档案记录，就是要把所有的程序记录完整，比如使用现在能够掌握的扫描、高清晰摄影。此外，还要对古建筑进行鉴定，对其物理力学变异性、绿化树种进行研究，等等。这些内容都要对古建筑进行很好的认知，同时把这个认知记录下来。

在工程结束以后，还要把所有的档案资料进行一个全面的汇总，资料存档之后，还要编出反映修缮全面情况的报告。这个报告应该像考古报告一样按照时间的层次，看到维修的全过程，为后人留下明晰的记录。

李：大修的过程也是一个研究、交流、培训和展示的过程。比如我们在大修的过程中，东亚会议在这儿召开，实际上就是一个国际性的交流沟通的机会，是深入研究而且有研究成果的一个过程。故宫大修的工地同时具有了科研基地的功能。从展示的角度说，这么大规模的修缮，故宫同以往一样，三百六十五天天天开放，公众完全可以看到大修的真实状态，还可以从安置在工地四周的、配合大修的宣传展板上了解到比大修更深入的、更多的有关故宫的知识。

故宫大修还在继续，故宫大修的影响力和超越性是巨大深远的。如你所说的与大修同时进行的一系列工作的全方位推进，也许可以形成一个有个案特色的、比较完整、比较系统、比较有典范性的中国古建修缮的理论和实践的体系。

晋：有关体系的问题，我不这么想。我觉得，中国古建筑的修缮已经有了自己的体系，只不过需要逐渐完善，扩大宣传。在不断的补充、修正、发展中，逐渐深入人心，贯穿到每个工地去。《文物保护法》和《中国文物古迹保护准则》已经建立起一个国家级框架，国家框架就是体系。我们所能说的只在具体层面上，比如对木结构应该怎么做，石结构、砖石结构应该怎么做？再比如采挖保护怎么做？等等。诸如此类的很多具体的方法，大家互相交流，最后形成一些规范性的东西。说到底，仍是一个把理论体系以实践的方式发展和深入下去的过程，而非建立的过程。

这是我心里始终想的，但从来没说过的话。因为，不能不承认过去的人们的努力。目前所呈现的状态，是那么多人工作了多年的成果啊。

李：前人的努力当然不能否认。事实上，故宫的大修的确很复杂。哪一类没有啊，集古建修复之大成了。按照世界文化遗产保护的准则和原理，再结合东亚和我们中国这种保护遗产的特色，从实际出发，实事求是地做好大修的工作，做好与大修同步的资料整理工作和研究工作，自然就具有了现实的影响力和超越时空的意义。

晋：我想，故宫的此次大修应该为中国建筑文物修缮建筑理论与实践体系的丰富和发展做出自己应有的贡献。这样说，可能更确切。至于典范不典范，示范不示范，让后人去评说吧。

另外，我们也不得不承认，故宫大修也有它的局限性。因为它是宫殿建筑，它建造于比较晚近的年代，是明清的宫廷建筑。所以，它有它的高度，也有它的局限性。比如它不具有民间建筑的丰富性，不具备寺庙建筑时代的久远性。有很多古建筑的内容民间建筑拥有，而紫禁城涵盖不了。确切地讲，它们各有各的特点。故宫大修只能在宫殿建筑保护当中，在中国明清宫殿建筑保护当中创造自己的经验，这恐怕是比较实事求是的。要说整个中国古代建筑体系的保护，故宫的保护只能占一小块。

看惯了紫禁城这样极致的官式建筑的肥梁胖柱，尽管这些都是很了不起的东西；但是，碰到民间的那种纤巧灵动的房子，我们还真未必会修。

李：不能否认，官式建筑和民间建筑之间差距的确很大。如果从中国古代木结构建筑的整体水平出发，紫禁城的整体建筑当然应该算是集大成者。也因为它集大成了，所以在创建之初必有去粗取精的扬弃。所以，不可能涵盖所有中国传统木结构建筑样式，也不可能不加选择地包容。但是，有一点可以肯定，能够被保留使用的一定是精华，能够以如此方式、如此组织集中起来，凝结为一座超越时空的存在，的确是至尊的中国文化遗产、全人类共有的文化遗产。我们用真实保护、完整保护的理念与实践承传如此的文明成果是历史交给的使命。任何承传都是一个过程。任何过程都包含着继承、弘扬与创造。在已经为所有参与这次大修的人们定了位置的历史链条中，要求我们做出历史性创造的空间很大。我们的责任是用现在的努力，对历史负责，对未来负责。